不炒股、不投機 1年賺1億

1年で億り人になる

戶塚真由子 著
葉廷昭 譯

「億萬富翁」是指
靠股票或外匯賺到「破億資產」的人。

現在有更深一層的涵義，
凡是靠各類投資活動賺到「鉅額財富」的人，
都可稱為「億萬富翁」。

本書的故事都是真人真事，
為避免當事人身分曝光，
所有人名皆為假名，
當事人的頭銜也有更動，還請體諒。

本書的出版目的在於提供資訊，不保證任何投資都會成功。
若讀者利用書中資訊而蒙受損失，作者和出版社概不負責。

一切投資活動的風險還請自負。

目錄
CONTENTS

好評推薦   10
前　言　億萬富翁的生活哲學與致富之道   11

第 1 章　擺脫成為窮人的致富思維

01. 只靠辛苦賺錢，無法變成有錢人   18
02. 零存款、高負債，也能成為億萬富翁？   23
03. 養一隻會持續下金蛋的「金雞母」   29
04. 用錢賺錢、擴大資產的「BS 思維」   33
05. 實現夢想需要「大者恆大思維」   43
06. 沒存款、沒人脈，怎麼開始投資？   45
07. 成為億萬富翁的兩條路，該如何選？   50
08. 正當的投資，能為社會帶來貢獻   54
09. 先有錢，再去實現夢想   56
10. 賺錢能力好的人，不一定懂投資   58
11. 利用「優良債務」，創造錢滾錢機制   63
12. 怎麼用 3,000 元，決定你跟有錢人的差距   67

第 2 章　不浪費時間的致富習慣

13. 「權衡利弊」，才能獲得最大利益　74
14. 割捨破壞夢想的三大元凶　80
15. 刻意消除自己身上的富貴氣　82
16. 剔除不必要的物品，避免囤積　87
17. 放下「勞工思維」，掌握「投資者思維」　91
18. 養成不只看表象的投資眼光　94
19. 先懂得付出，才會成為有錢人　98
20. 快速更新思維、徹底翻身的三步驟　104

第 3 章　勇敢籌到資金的投資策略

21. 先搞清楚，每個月需要多少錢　110
22. 不懂「籌措資金」，無法成為有錢人　115
23. 打破先入為主的觀念，輕鬆借到千萬元　118
24. 籌措資金的 16 種「入門」方法　121
25. 籌措資金的 16 種「進階」方法　128
26. 就算只是上班族，也必須成立公司　136
27. 成立公司，比想像中更簡單　141
28. 公司成功申請融資的兩大關鍵　145
29. 找優秀的會計師，成為你的好夥伴　150
30. 公司的開銷幾乎都能當作成本　154
31. 開設「海外帳戶」，以備不時之需　158

第 4 章　晉升億萬富翁的實體投資法

32. 不容易賠本、風險小的「實體投資」　162
33. 進場前，先想好出場的方法　167
34. 實體投資❶ 買下整棟公寓，成為包租公　170
35. 實體投資❷ 買下整棟公寓的整修與運用　175
36. 實體投資❸ 創造多贏的農業投資　179
37. 實體投資❹ 輸出大型回收物，讓垃圾變黃金　181
38. 實體投資❺ 海外不動產，五年獲利 20%　184
39. 更多的實體投資機會，須留意風險　186

第 5 章　別讓錢被騙走的守財方法

40. 認識有錢人，加快成為有錢人　194
41. 阻礙讓你變有錢的三大天敵　199
42. 強烈的欲望，越容易被騙　203
43. 快速拆穿詐騙的五大原則　207
44. 「破產」是王牌，歸零重新開始　212
45. 小心高利息商品，會吃掉本金　216
46. 「富爸爸和窮爸爸」的真實故事」　218

第 6 章　活得像億萬富翁的日常習慣

47. 時間，是「生命」，也是「信用」　222
48. 有錢人比一般人早起兩三小時　226
49. 預定好的行程，可以靈活更改　228
50. 關注飲食健康，也反映貧富差距　231
51. 善用信用卡點數，放大複利效應　235
52. 不被時間束縛，自主掌控時光　239
53. 默默為自己的未來耕耘　243
54. 提升財運的最快方法──改變外表　246
55. 搬到好環境，就能改變人生　250

第 7 章　讓成為有錢人的夢想成真　253

結　語　成為個人與社會雙贏的有錢人　269

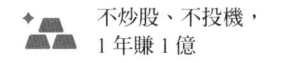

好評推薦

「認知養成習慣決定命運。成為有錢人的第一步就是改變認知,開始學習從富人角度看世界。作者也是從公務員經過豐富的人生經歷才進入富人世界,書中提及透過各種實體投資管道建構資產,就是要培養投資實體變現的能力,其實當你轉換富人角度看世界,將會發現處處是賺錢的好機會。」

——朱均澤,金牌獵人投資學院院長

「這本書振聾發聵,極大拓展了我的視野!」

——李雅雯(十方),富媽媽

「打破傳統財商思維,帶你真正像個有錢人思考!真希望早二十年讀到這本書,可以少走許多彎路!勇於改變,認真實踐,你一定也可以翻轉人生!」

——陶迪,SAND理想好居住居管理執行長

前言
億萬富翁的生活哲學與致富之道

各位，你們這輩子碰過多少「真正的有錢人」？

「我的年收超過 2,000 萬元。」
「我們公司的營業額有 10 億元。」

你們是否碰過這種炫富的人？我敢斷言，那些炫富的傢伙絕不是「真正的有錢人」。

我走訪全球 38 個國家，曾與超過 100 位「真正的有錢人」交流。他們之中，很多人的資產是名符其實的天文數字。甚至女富豪，我也認識幾個。我向他們學習生活哲學，發現真正的有錢人都有共通的習性。**首先，真正的有錢人絕不會說自己一年賺多少錢。再者，他們也不穿著奢華的服飾。**

那些富豪的錢不是一點一滴辛苦賺來的，他們不做一些形同賭博的投資，更不會只是把錢放在銀行生利息。

資產形同天文數字的大富翁，他們的金錢觀念跟一般

人完全不一樣。那些觀念你在任何講座都聽不到，各種報章雜誌或財經書籍也沒記載。

我之所以想認識那些大富翁，一方面是想學習他們的生活哲學，另一方面是想實現我的夢想：「總有一天要成為有錢人」。我從小生長在貧窮的家庭，因此「成為有錢人」就是我唯一的夢想。跟各位老實說，我不是純粹想學財經知識才接近有錢人的，曾經有一段時間，我其實只想要嫁入豪門而已。

我真的跟億萬富翁交往過，有些人甚至跟我有一段姻緣。詳細過程我會在第 7 章談到，我三次嫁給有錢人，三次都離婚了。但是多虧這些經歷，我見識到了錢滾錢的祕訣。現在我的工作是資產顧問，傳授的就是當初學到的經驗。我的第二任丈夫是美國人，書中提及許多億萬富翁的案例，其中也有多位是美國人。

「億萬富翁」是指靠投資賺到「破億資產」的人，不管資產是 1 億元或 100 億元，都可以稱為「億萬富翁」。我會告訴各位，他們到底是用什麼樣的方法，賺到如此龐大的財富。

不過，本書不會提到「股票」、「外匯」、「虛擬貨幣」這些金融商品的技術。如果你追求的是這種高風險的投資，那我建議你還是闔上這本書！我要分享的是實體投資，這個

方法比那些具有投機性質的金融商品,更單純也更有效。

我曾經跟在這些富可敵國的有錢人身邊,見證他們賺錢的手法。老實說,他們賺錢的手法沒什麼特別。可是,過著普通生活的老百姓如果想做「實體投資」,肯定會碰到難以跨越的障礙。所以請按部就班地閱讀本書,只要你是真正有心追求財富的人,有朝一日絕對能突破那道障礙。

本書的閱讀順序

- 第1章→有錢人的思維
- 第2章→有錢人的習慣
- 第3章→集資的方法
- 第4章→錢滾錢的方法
- 第5章→保住資產的方法
- 第6章→有錢人的日常生活
- 第7章→我怎麼當上億萬富翁

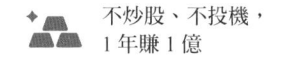

一年內培養出超多「億萬富翁」

過去，我對金錢有很深的自卑情結，因此才會辭掉公務員的工作，到民間企業當業務員。業務的薪水取決於業績，當時薪資最高的時候，曾一個月收入 800 萬日元，應該稱得上是頂尖業務了吧？

但我發現一個事實——**就算年收再高，也算不上「真正的有錢人」。所謂真正的有錢人，是指那些不用工作也有辦法賺錢的人。**

有一天，我因緣際會認識了現在的投資師父奧利華。奧利華的資產有好幾億美元，堪稱世界級的億萬富翁，他徹底改變了我的人生。我按照他的指導操作，才短短三個月就達到了財富自由的目標，資產也超過 1 億日元。

他總共指導過超過 1,700 名學生，我就是其中之一（我認為自己是最棒的）。多數學生接受他的指導後，也都達成了財務自由的目標。有的人負債超過 3,000 萬元，成功起死回生；也有人白手起家，順利創業。每個「億萬富翁」的類型都不一樣，最重要的是，他們真的都在短時間內達到財富自由。

所以要在一年內賺到上億財富，絕對不是痴人說夢而已。但首先，**請放下腦袋裡的「常識」和「先入為主的觀**

念」,**不要畫地自限**,然後繼續看下去吧!

書中提到的都是真人真事,只不過他們多半有很高的社會地位,當中也不乏低調的有錢人。因此,我統一使用了假名,也更動了一部分他們的個人資訊和情節。第 5 章會談到,畢竟詐騙犯和小偷是富豪最大的敵人,我必須保護他們的隱私才行。

最後我要說的是,我長年來飽受自卑感的折磨,活得非常痛苦。我希望其他人不要跟我一樣,因為錢財而受罪。如果這本書能帶給各位一些財富的啟示,我便感欣慰。

第 1 章

擺脫成為窮人的
致富思維

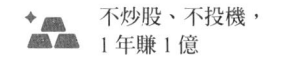

01 只靠辛苦賺錢，無法變成有錢人

我先告訴大家結論：**億萬富翁的賺錢觀，跟我們完全不一樣**。一般來說，要建立一定的資產，必須遵循「辛苦賺錢→以錢滾錢」的步驟。也就是先賺到一定的資本，再用資本投資來增加財富，這是最常見的作法吧？不過，億萬富翁的想法不一樣——他們根本不會去思考，該怎麼賺到資本。

那些有錢人想的是，該如何集資或是如何借到那筆錢。換句話說，他們建立資產的步驟是「**集資（不是辛苦賺來的）→以錢滾錢**」。我認識一百多位億萬富翁，跟他們有多方面的交流，那些人的資產真的是天文數字。比方說——

- 雅各是飯店業龍頭，事業橫跨全球各國。
- 戈登則是基金經理人，在杜拜代操龐大的資金。
- 我的師父奧利華，目前在教人投資訣竅，他也擁有好幾億美金的資產。

跟他們相處的過程中，我一再見識到異於常人的「富豪思維」。當然，他們的思維多少有些差別，但共通之處是，他們都是先集資（或借款），再用錢滾錢。遺憾的是，我沒辦法寫出他們的真名。但他們都是真實存在的大富翁，現在也操作龐大的資金賺取巨額的財富。

至於那些成功的企業經營者，幾乎都是按照下列的步驟成為有錢人的：

❶ 努力工作
▼
❷ 雇用勞工替自己工作
▼
❸ 調度資金拓展公司規模
▼
❹ 以股東的身分涉足投資
▼
❺ 賣掉成長茁壯的事業

這也是成為有錢人的一種方法，但開創事業的成功率不高，而且要花上幾十年的時間，才賺得到一定的資產。因此，請各位牢記一件事：**「投資專家」和「企業主」完全是**

兩回事。

當然，大多數的投資專家也有經營公司，只是規模不一樣罷了，總之跟汽車大廠那種製造業的生意還是有差異。所以這本書提到的「企業主」，並不包含投資專家。那些企業主用的方法，跟我們追求的「富豪思維」也不相同。畢竟創業能力、經營能力、事業拓展能力等才能不是每個人都具備的。

更何況，建構資產跟能力無關，任何人都有機會成功。**祕訣是放下「辛苦賺錢」的思維，改用「富豪思維」來做集資和借款，從一開始就持有龐大的資金**。之後，徹底排除多餘的開銷，在投資初期就以保本的手法，運用龐大的資金去賺錢。

某位知名的不動產開發商說過一段至理名言：「就算我自己有錢，我也會去借錢來提升我的信用評等。好比我有100億元，我會另外去借100億元來用。反正我借錢的利息不高，信用評等提升後，還可以借更多的錢。」換句話說，那些大富翁和資產家都知道：在人生賽道上，擁有大錢的人更有利。

只有一開始就擁有龐大資產的人，才有辦法成為真正的資產家。這是有錢人都明白的常識，跟我們的常識完全背道而馳。日本知名企業家崛江貴文也一再表示，用小錢投資

絕對贏不了大戶，只會成為主力的養分，小散戶根本不可能在投資的沙場上獲勝。所以，我們要先放下「窮人的思維」，**不要再用「辛苦賺錢」的方式來取得本金。**

向億萬富翁學習真正的財務自由

假設你用 10 萬元和 1 億元進行投資，年利率都是 5%，一年以後的結果會是怎樣？

簡單計算一下就知道，10 萬元只賺得到 5,000 元，1 億元卻能賺到 500 萬元！

10 萬元也不是小錢，但你用 10 萬元投資才賺到 5,000 元，用那筆錢能夠過上自由自在的生活嗎？相反地，一年有 500 萬元入袋，絕對可以**達到真正的財務自由（FIRE）**吧？

所謂的 FIRE，是英文 Financial Independence, Retire Early（經濟自主和提早退休）的縮寫，也是媒體近年來常提到的生活方式。意思是得到財務自由以後，不必再從事單純又無聊的勞動，可以過上自己喜歡的生活。

本書就是想分享如何實現真正的財務自由。而且，我的方法跟坊間的財務自由手法不一樣。那是真正的億萬富翁傳授給我的，不輕易外傳的核心祕訣。之後會談到一些可能非常令人震驚的話題。第一次接觸時，你或許會感到驚訝，

甚至會認為這些事情跟你一點關係都沒有。可是，**想要成為有錢人，最快的方法，當然就是跟有錢人學習**。我本人就是最好的例證，正是因為向他們學習，我才成為「億萬富翁」。我的學員們，也一一達到了財務自由的目標。

我的學員在一開始接觸「有錢人的常識」時，也是十分惶恐，因為對一般人來說，**有錢人的常識完全違背了世俗的認知**。只有膽敢放手一搏的人，才能獲得真正的成功。

希望各位讀了本書之後，也能深入了解億萬富翁的思維方式，讓自己投資無往不利，擺脫辛苦的勞動，實現真正的自由。

還有一件事，坊間那些荒誕不經、十足聳動的投資話題，本書一概不會提起，請各位安心閱讀。真正有心建立龐大資產的人，最怕遇到「詐騙」。奇怪的是，越窮的人反而越容易遇到詐騙。第 5 章會說明箇中原由，以及避免被詐騙的方法。

02 零存款、高負債，也能成為億萬富翁？

T先生是我的學員，他以前光是卡債就背了3,400萬元。各位可能會想，他一定每天過著紙醉金迷的日子，也一定生活得極其奢靡，不然怎麼會負債超過3,000萬元？

但大家都猜錯了，T先生為人正直誠懇，完全不是大家想的那樣。一個正直誠懇的人，只要遭遇一次重大的失敗，也有可能落到萬劫不復的下場。

億萬富翁案例1

T先生三十多歲，本來在一家超級黑心的公司上班，每天從早上7：00工作到凌晨4：00，一天工作時間21個小時。每個月有3天假日就要偷笑了，薪水卻連20萬日元都不到。

在這種工作模式下，T先生的身體根本撐不住，因此他毅然決定自立門戶，到海外開創一番事業。由於他從事的是

旅行相關行業，又積極努力、願意打拚，所以資產一度突破 10 億元大關。

然而，故事從這裡才算開始！在經歷了巔峰後，T 先生再次摔落地獄。他到底遭遇了什麼倒楣事呢？簡單說，他碰到了詐騙犯，把他所有的資金都洗劫一空！

T 先生悲痛欲絕，懊悔自己識人不清。現實是殘酷的，客戶和債主蜂擁而至，有些債主他甚至連見都沒見過。雪上加霜的是，他也接連收到出庭通知，卻對被告的原因一無所知。走投無路之下，他只得耗盡所有積蓄來償還債務⋯⋯10 億元的資產在短短一週內全數歸零。

更慘的還在後頭。即便散盡家財，還是有還不完的負債，最後 T 先生只能動用現金卡和循環利息，否則連養家糊口都成問題。這種做法開啟了另一個惡性循環，他不得不借新債來還舊債。每天都承受著被追債的巨大精神壓力，信用持續下滑，甚至影響到正常工作。現金卡接連被停用，銀行的催帳電話如影隨形。T 先生只能絞盡腦汁地拖延時間，勉強繳納最低的還款金額。問題是才剛處理完一張卡，另一張卡的繳款截止日又到了！

就這樣，他的債務如滾雪球般越滾越多，光是卡債就高達 3,400 萬元。利滾利之下，每月需償還 300 萬元，而且還幾乎全部用於支付利息，本金一點都沒少。

> 由於信用評等不佳，正規金融機構對他避之唯恐不及。在債務的重壓下，他只能轉向私人借貸。
>
> 最後，他除了經營個人事業外，下班後還要打工兼差。所有收入優先用於還債和養家，自己的每月生活費僅剩8,000元。在最艱難的時期，他每天只能勉強吃一個麵包，早晚各半。甚至連搭乘電車的費用都難以負擔，不得不每天步行兩個多小時上下班，稍有改善時才能騎自行車。
>
> 他再度淪落到每天工作超過20小時非人生活，才能勉強維持生活。

前文說了這麼多，都是T先生悽慘的前半生。顯然他已經過勞了，偏偏休息就沒有收入，所以他也不敢休息。應該說，他根本沒有資格生病。

這種底層生活過久了，任何人都會崩潰，T先生當然也不例外。他經歷了許多重大失敗，早已失去信心，還罹患了社交恐懼症。過去有錢的時候，身旁有好多朋友，現在那些朋友也離他而去。幸好，他還有扭轉人生的機會。

> 經過一年多日以繼夜的奮鬥，T先生終於下定決心要徹底改變現狀。
>
> 「這樣下去不行，」他暗自思忖，「身體快撐不住了，

不能再這樣下去。我得找到根本的解決之道。」

有心尋求改變的人,命運女神才會賦予他機會。某天,一位女性朋友出於關心,主動詢問T先生的近況。這位朋友深知T先生為人正直,也同情他的遭遇,於是引薦了一位名叫戈登的杜拜基金經理人給他認識。

抱著死馬當活馬醫的心態,T先生坦誠相告,詳述了自己遭遇詐騙和債務纏身的經歷,並向戈登請教脫困的方法。戈登聽完之後,決定傳授他「億萬富翁」的財富思維。

「T先生,不必擔心,」戈登安慰道:「你一定能夠東山再起。既然有緣相識,我們就一起努力吧!不過,有一點請你牢記在心⋯⋯你或許具備『賺錢』的能力,但卻缺乏『累積資產』的本領。換句話說,你只懂得經商賺錢,因此耗費了大量時間、精力,也浪費了自身的資源。接下來,我希望你能徹底拋開舊有的思維模式,你能做到嗎?」

T先生毫不猶豫地點頭答應:「反正我已經一無所有,我願意放下過去的方法和自尊。我一定會全心全意遵照您的方法,重新開始。」

在戈登的指導下,T先生奮發圖強。短短一年半的時間,他就還清了所有債務。不僅如此,**他還蛻變成一位優秀的投資專家,目前管理的資金規模高達1.5億元。**

賺錢之餘，T先生也不忘回饋社會，拯救那些跟他一樣飽受債務所苦的人。

T先生也恢復了原本溫和的性格，他說：「來向我求助的，都是背負多重債務的人。為了提供他們更多的幫助，前幾天我成立了一個『**負債苦哈哈俱樂部**』。會員有被不肖銀行坑殺的不動產經紀人，也有碰到太陽能投資詐騙，被騙了5億元左右，因此負債累累的人。這些人加起來超過50位，我正在積極幫助他們。」

看完這個故事，各位有什麼想法？

像T先生這種可以快速東山再起的人，其實都有一個共同特徵。他們會徹底放下自己的思維，決心實踐「億萬富翁」的教誨。師父教的東西一律照抄，用最樸實有效的方式執行。成功扭轉人生的億萬富翁，都有這樣的共通點。

我過去是一個成功的業務員，這份驕傲反而成為學習的障礙，難以改變自己的想法。要不是遇到師父奧利華，我大概也當不上億萬富翁。

基金經理人戈登也說過一樣的話：「建構資產這回事，跟你現在有多少資產或債務沒關係。反正都是沒錢，一毛不剩反而比較好。這種人不怕失敗，學起來也快。因為他們可

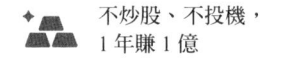

以放下身段,專心建構資產。」

　　說也奇怪,欠下巨額債務的人,對於億萬富翁的教學,反而一學就會!我就見過很多這樣的例子。

03　養一隻會持續下金蛋的「金雞母」

　　這件事很重要，請容我再說一次：要成為「億萬富翁」跟你現在有多少存款一點關係也沒有。所以，請徹底改變你對財富的「認知」。

　　你是否遇過那些炫耀自己年收 1,500 萬元，或營業額破億的人？你可能認為他們非常富有，但事實並非如此。我可以非常肯定地說，這類人並不是「真正的有錢人」。

　　由於我接觸過許多億萬富翁，所以我十分清楚：成為真正有錢人最有效的方法，只有真正的富豪才知道。此外，所謂「真正的有錢人」，絕不僅僅是擁有大量現金或高額年收入的人。重點在於，是否建立了一套能自動為他們賺取大量財富的系統，資產家稱之為「養金雞母」。因此，真正的關鍵在於：你是否懂得培養一隻能持續「下金蛋」的金雞母。

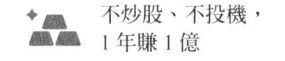

億萬富翁案例 2

住在北海道的 D 先生，四十多歲就退休了，退休金高達兩千萬元。

儘管 D 先生缺乏投資知識，卻將全部的退休金投入外匯交易。幸運的是，由於他性格謹慎，一度累積了上億元的資產。如果他能見好就收，事情本可到此為止。然而，他不幸遇上雷曼風暴，導致資產一夕歸零，甚至差點背負債務，所幸最終有驚無險地避過這場危機。

後來，D 先生遇到我師父奧利華，這才洗心革面、痛改前非。奧利華告訴他：「投機性金融商品終究會有失手的一天。你需要擁有一隻能持續創造利潤的『金雞母』，並將全部精力投入其中。」

D 先生決定成為不動產投資專家，專注學習老公寓的投資訣竅。他下定這個決心的時候，沒有任何資產，也沒有穩定的工作。他用現金卡和銀行貸款各借了 200 萬元，總金額是 400 萬元，用來購買北海道的一棟老舊公寓。由於資金不足，所有的改裝、翻新工作，都得親自完成。改造完成後，他將房屋出租給政府立案關懷的低收入戶。

他的不動產事業蒸蒸日上，開業不到四年就還完所有債務。如今，他繼續投資不動產，每月收入高達 500 萬元。

第1章
03. 養一隻會持續下金蛋的「金雞母」

你當前的存款數額並不重要。那些經歷過重大考驗，甚至一度一無所有的人，反而更有機會成為令人羨慕的大富翁。這並非遙不可及，關鍵是改變你過去的認知。事實上，在你的生活圈中，可能也有許多人是從零開始培養自己的金雞母。

> **億萬富翁案例 3**
>
> 我之前在相親的時候，認識了一個外國人 H 先生，他約三十多歲，住在香港。
>
> 他的相親照片看起來非常陽光帥氣，照片中他騎在白馬上，一頭短短的黑髮，乍看之下簡直像個結婚詐欺師。然而，事實是他家確實從事養馬事業。此外，他還曾在美國留學，是名副其實的富二代。

他曾經涉足外匯投資，年紀輕輕就賠光了所有家產，差點想跑去自殺。幸好，他及時撥打了自殺防治專線求助。然而，在多次撥打電話後，對方開始不再接聽他的來電。當他發現對方是故意不接電話時，反而氣得不想自殺了。

他決定轉念，採取積極正面的態度。反正已經一無所有，不如就把那天訂為「存款歸零紀念日」，從此以後財

產只會增加不會減少嘛！於是，他立刻向其他投資專家籌措資金，並在自己的家鄉創立了「永不拒接電話的自殺防治專線」。

沒想到這項事業竟然取得了巨大的成功，他還建構了一套系統，協助患者尋找合適的醫師，現在已成為大型醫院的經營者。

04 用錢賺錢、擴大資產的「BS 思維」

你對什麼樣的「財富定律」最感興趣？是穩賺不賠的投資方法，還是發掘飆股的技巧？

然而，億萬富翁的思維方式與眾不同。**他們運用「BS 思維」來衡量個人資產**。BS 是「資產負債表」（Balance Sheet）的縮寫，對於商業人士來說應該並不陌生。**採用 BS 思維，就是從「資產和負債」這兩個角度來思考財富**。

舉個例子：假設某人擁有 100 萬元，他又向銀行借了 50 萬元。按照常理，我們會認為借款終究要償還，所以此人的資產仍然是 100 萬元，並沒有改變。但是，有錢人的思維方式不同。用他們的「BS 思維」來看，這個人的總資產實際上是 150 萬元，包括了負債在內。這是因為，**在沒有付出額外勞動的情況下，他的可用資產確實增加了。**

除了 BS 思維，還有一種稱為「PL 思維」的概念。PL 就是 Profit and Loss，也就是損益表。這同樣是商業中常用

的會計報表，相信大家都能理解。

我們過去從父母和學校學到的，以及大多數上班族使用的，都是這種 PL 思維。所以在使用金錢時，大多數人也都是這樣理解：首先要看你有多少收入來源，然後扣除費用和成本，剩下的就是利潤。這就是損益表的基本架構。

舉例來說，一家賣章魚燒的小店花了 80 萬元進貨，營業額達到 100 萬元，那麼利潤就是 20 萬元。**大多數人會將這辛苦賺來的 20 萬元視為個人資產。**

請見第 36～37 頁的圖表。

簡單來說，BS 和 PL 代表了兩種截然不同的思考方式。中小企業的創業者多半採用 PL 思維，他們重視辛苦賺來的營業額。這並不是說 PL 思維不好，但我們也必須知道，營業額不可能永遠保持成長。好比新冠肺炎導致不景氣時，營業額肯定會受到影響吧？事實上，營業額上下波動是正常的現象。

然而，單純依靠 PL 思維，很難成為真正的「億萬富翁」。

相比之下，資產家採用的 BS 思維，核心理念就是用錢來賺錢。請見第 38～39 頁的圖表，投資專家的錢不是來自勞動，而是透過借款來擴大自身資產，然後再運用這些資金

來創造更多財富。

舉例來說，借入 1 億元，表面上你負債 1 億元，但同時你的可用資產也增加了 1 億元。在資產負債表上，這筆錢雖然顯示為負債，但實際上它卻是你可以運用的資產。

這個概念對很多人來說可能難以接受，但這正是 BS 思維的核心概念。**透過借貸增加 1 億元資金，再利用這筆本金來賺取利潤，所得的利潤同樣成為你的資產。這就是 BS 思維的「財富定律」。**

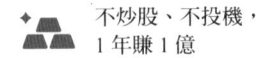

假設年利率是 4%

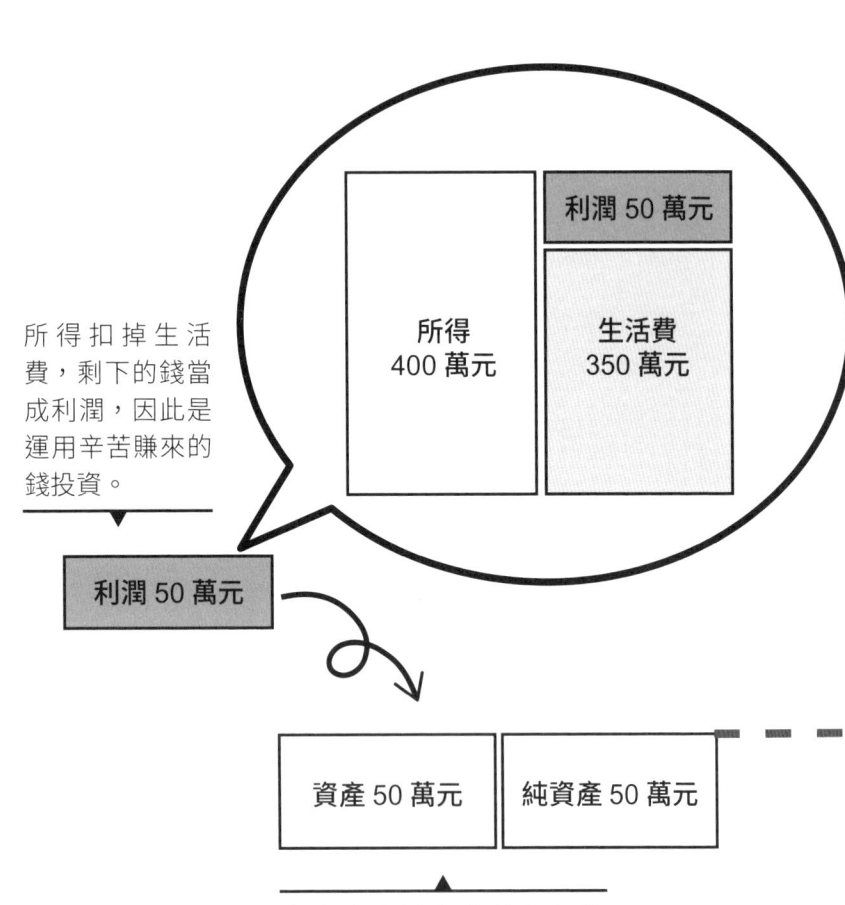

所得扣掉生活費，剩下的錢當成利潤，因此是運用辛苦賺來的錢投資。

| 所得 400 萬元 | 利潤 50 萬元 |
| | 生活費 350 萬元 |

利潤 50 萬元

↓

| 資產 50 萬元 | 純資產 50 萬元 |

本來資產當中應該有負債（好比債務或借款），但採用 PL 思維的人不會借款，所以資產的架構非常單純，只有「利潤＝資產＝淨資產」。

第 1 章
04. 用錢賺錢、擴大資產的「BS 思維」

▬┤ 9 成的人都採用「PL 思維」

他們都是用「辛苦賺來的錢」投資,不會運用「借款」的方式籌措資金。

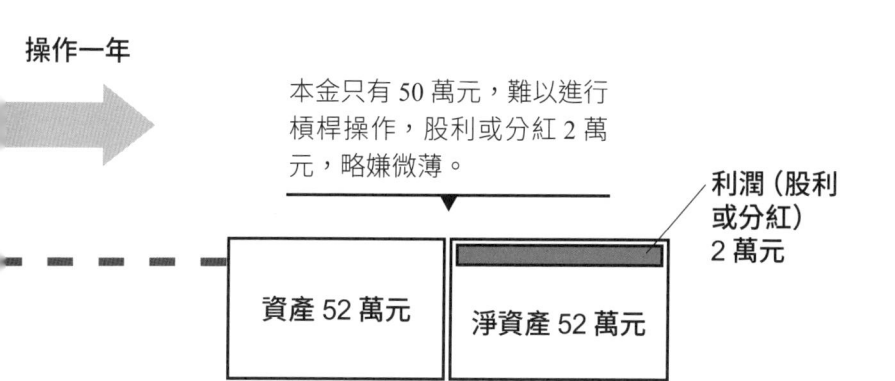

操作一年 →

本金只有 50 萬元,難以進行槓桿操作,股利或分紅 2 萬元,略嫌微薄。

利潤(股利或分紅)2 萬元

資產 52 萬元　　淨資產 52 萬元

不炒股、不投機，1年賺1億

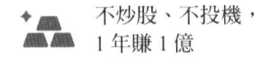

假設年利率 3%

※ 假設借款的利息是1%，扣掉前兩頁「年利率4%」後得出的數字。

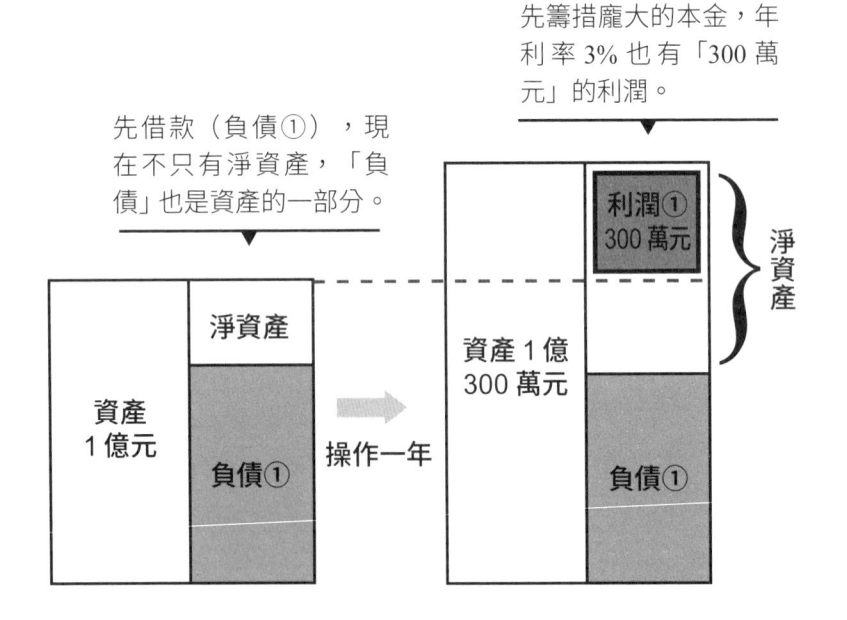

先借款（負債①），現在不只有淨資產，「負債」也是資產的一部分。

先籌措龐大的本金，年利率 3% 也有「300 萬元」的利潤。

淨資產 ／ 資產 1 億元 ／ 負債①

操作一年 →

資產 1 億 300 萬元 ／ 利潤① 300 萬元 ／ 負債① ／ 淨資產

第 1 章
04. 用錢賺錢、擴大資產的「BS 思維」

▎億萬富翁的「BS 思維」

負債增加，資產也跟著增加，這就是「BS 思維」。真正的富翁不靠勞動賺錢，而是善用借款（債務），來增加自己的財富。

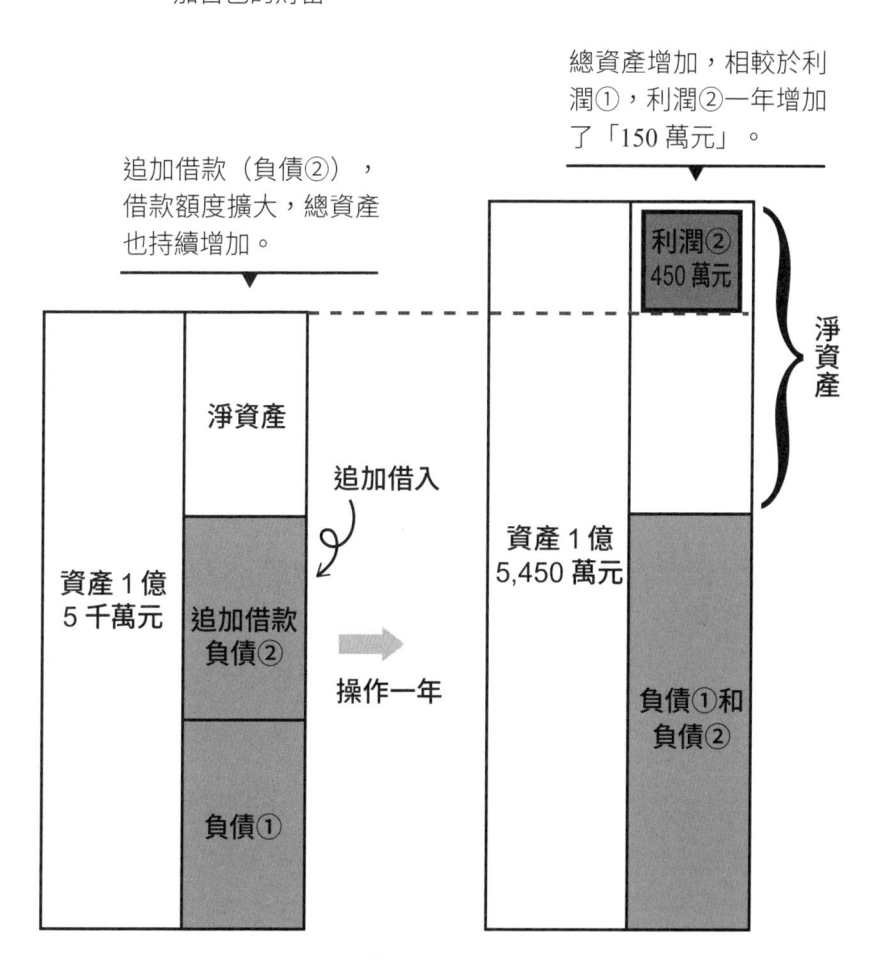

總資產增加，相較於利潤①，利潤②一年增加了「150 萬元」。

追加借款（負債②），借款額度擴大，總資產也持續增加。

左圖：
- 資產 1 億 5 千萬元
- 淨資產
- 追加借款 負債②
- 負債①

追加借入 → 操作一年

右圖：
- 資產 1 億 5,450 萬元
- 利潤② 450 萬元
- 淨資產
- 負債①和負債②

39

善用 BS 思維，就能按照前述計畫增加資產，而且不必過分擔心經濟景氣和個人能力因素。單純經營生意容易受到市場環境和個人情緒的影響，成功難度較高。但使用 BS 思維進行投資，則純粹是數字遊戲，比經營實體生意簡單得多。

事實上，日本頂尖大企業和經營穩健的優良企業，也都在進行這樣的投資。僅靠投資所得的利潤，就足以支付員工薪資和廠房租金等開銷。以軟銀集團的孫正義為例，除了本業，他還經營基金事業（軟銀願景基金）。該基金不僅有一般的公司債和股票質押，還吸引了沙烏地阿拉伯王子的投資。

我個人的觀察是，違背財富定律的投資行為，終將承擔後果，資產歸零只是時間問題。例如，一些人熱中於虛擬貨幣或外匯交易，這些投資雖然槓桿效應很大，但極易受新聞媒體影響，並不符合真正的財富定律。我見過太多類似案例，可以向大家保證，這種投資方式一不小心最終導致財產歸零。

相比之下，有錢人的 BS 思維代表了一種更均衡的投資方式。他們善於將資金轉化為不動產或其他能持續創造收益的資產（即「金雞母」），不需要辛苦勞動，光靠轉移資產標的就能獲利。尤其是第 4 章介紹的「實體投資」，資產價

值相對穩定,風險也低很多。

跟減肥一樣,慢慢來根本看不出來

我們已經討論了「BS 思維」和「PL 思維」的差異,你有什麼感想呢?

如果你已經理解了這些概念,那麼距離成為「億萬富翁」已經不遠了。反之,如果這些對你來說都是新概念,也不必擔心。大多數人都停留在 PL 思維階段,只懂得辛苦工作賺錢。現在正是你扭轉局面的好機會。

BS 思維注重投資獲得的利潤。只要善用資金,就能獲得穩定收入。 接下來,你可以利用複利效應或增加借款來擴大本金,同時,利潤也會穩定成長。即使你因病長期住院,財富仍會持續流入。你的收入不會減少,也不受經濟景氣影響。有人甚至不需要購買保險以備不時之需,連年金都可以不用繳。

有人可能會說,他們不像我這麼計較,寧願用輕鬆自在的態度工作,慢慢達到財務自由。面對這種想法,我忍不住想要直言批評。辛苦工作、慢慢建構資產是沒用的,這就好像你說要減肥,然後每天吃披薩蛋糕,只做少量的運動一樣。建構資產不能用這種緩不濟急的方式。放棄 PL 思維,

採用 BS 思維，你絕對可以在最短時間內成為有錢人。關鍵就在如何運用債務和借款來增加資產，先理解這一點，你才有辦法迅速增加自己的資產。

請務必按部就班地行動，「建立適當的債務」是不可或缺的第一步，在此之前不需要考慮具體的投資策略。先轉換成 BS 思維：

- **不要為了一點小錢而賤賣你的時間，辛苦工作。**
- **即使不耗費寶貴的時間，也能賺到錢。**
- **一旦你實現財務自由，每天早上起來要做什麼都由你自主決定，也不必勉強與不喜歡的人交往。**

這就是「億萬富翁」告訴我們的真理。

05 實現夢想需要「大者恆大思維」

在探討財富積累的過程中，有一個不容忽視的重要原則：**「小錢會被大錢吃掉」**。這個概念相信大家都不陌生吧？

一般人辛苦工作賺錢，然後一點一滴累積投資商品。久一點的要花 30 年以上，才能擁有一定的資產。他們以為這樣做，未來就可以輕鬆享福，過上自在的人生。

當然，一直這樣投資下去，要存到 1 億元也不是不可能。問題是，**等你存到 1 億元的時候，你幾歲了？你有算過這個問題嗎？**

有錢人想的跟你不一樣。

他們不依賴辛苦工作，直接運用大筆資金，靠著投資的利潤過活，可以做自己喜歡的事。

那些住在杜拜和其他中東地區的億萬富翁，他們投資一次的額度少說在 100 億元以上，堪稱是天文數字。我第一次聽到時真的差點被嚇傻！專賣有錢人的良好投資標的，一

下子就被他們搶光了,一般人根本難以匹敵。即使是一次投資一兩億元,遇到人家一次砸 100 億元,也完全沒轍。

之前提到的基金經理人戈登,就專門做這些大富翁的生意。他以一種理所當然的語氣,說出投資界的現實:「**真正好的投資標的,只有互相信賴的有錢人才知道**。所以你上網找一輩子,也找不到好的投資標的。會讓你找到的,多半是詐騙的玩意。沒錢的人很難找到好的投資標的。」

我知道,叫你們一開始就操作大筆資金,你們一定會說自己沒資產、收入又少,對我的方法感到很失望,對吧?

我再重申一次,請先忘掉你以前的思維。**你現在有多少資產和頭銜,跟你能否成為「億萬富翁」毫無關係**。實話告訴各位,我身邊那些「億萬富翁」,起初也沒有資產可言。

那麼,他們是如何成為「億萬富翁」的呢?接下來我們聊一聊這個話題。

06 沒存款、沒人脈，怎麼開始投資？

「**有錢人在還沒有錢的時候，就已經開始投資了。**」這就是前面問題的答案！

我認識的那些億萬富翁，大多來自普通家庭，也沒有顯赫的學歷。他們並沒有繼承大筆遺產，也缺乏人脈資源。但他們在沒錢的時候，就已經開始投資了。

怎麼辦到的呢？答案是**「借貸」**。

關鍵在於，先借貸籌措大筆本金，然後用非投機性的手法切實增加資產。

那他們又是如何「籌措資金」的呢？我來介紹幾個例子，這裡先簡單說明，詳細內容會在第 3 章的「16 種籌措資金的方法」中深入探討。

順便提一下，那些有錢人一開始籌措資金也很辛苦。因此，我接下來介紹的方法，都是他們費盡心思研究出來的，請牢記這一點。

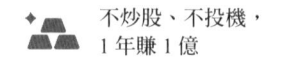

個人籌措資金的方法

❶ 跟父母或親朋好友借錢

多數人普遍認為借錢是件壞事,其實這是錯誤的觀念。在歐美,親朋好友之間互相借貸大額資金是很平常的事。令人驚訝的是,很多有錢人都願意互相借貸,因為他們深知「大錢的磁吸效應」。

關鍵是一次借上千萬、上億元的大額資金,而不是只借一點點小錢。但是,沒有金融專業知識的人,不應該操作借來的資金「舉債入場」。建議用那筆錢從事副業賺取利潤,再用利潤來進行投資。

重點是,真的不要借小錢。如果你只借 10 萬元或幾十萬元,別人可能會質疑你的能力。

細節方面,個人之間的借貸仍然應該要簽「借據」,還要訂下還款期限。否則萬一對方要求提早還錢,麻煩的是你。親戚之間,借錢更需要簽借據,不然可能被視為贈與。

❷ 眾籌

有人光靠眾籌就籌到 1,000 萬元以上的資金,現在也有很多眾籌平台可供利用。

❸ 天使投資人

天使投資人是專門投資新創企業的人，最近這類廣告很常見。建議先選擇 100 萬元就能做的項目，風險相對較小。

不過，真正的投資專家眼光很犀利！從投資專家的角度來看，投資比自己優秀的人準沒錯。所以，你必須讓投資人認同你的優秀之處，否這條路則很難實現。連 100 萬元都沒有的創業者，是不可能獲得青睞的。

你至少要有 100 萬元，再從幾個投資人那裡籌措 500 萬元到 1,000 萬元的資金，這是最理想的情況。

企業主或公司

❹ 日本的小規模企業共濟方案 *

每月繳納 1,000 元到 7 萬元不等的額度。如果有多餘利潤，可以在年底增加投保額度，或提前繳納明年的額度。萬

---

* 編按：台灣經濟部每年都會提供青年創業和啟動金貸款專案，詳細內容可以上網搜尋相關資訊或洽詢金融機構。

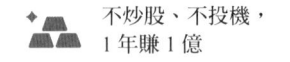

一日後事業經營不善倒閉,還能領回一筆錢,利用這個方案也可以借款。

❺ **日本的防範倒閉共濟方案**
　　這是一種在客戶倒閉時可以獲得補償的商品。每月繳納 5,000 元到 20 萬元不等的額度。與小規模企業共濟方案類似,如有多餘利潤,可以年底增加投保額度,或提前繳納明年的額度。無擔保的最大借款額度是總繳納額度的 10 倍（8,000 萬元）。

❻ **銀行融資**
　　向一般銀行或日本政策金融公庫融資,有創業融資,之前也有新冠疫情融資等各種方案。

❼ **鄉鎮市區特有的借款制度**
　　有些鄉鎮市區等地方政府會有特殊的融資制度。

❽ **用私募債券這一類的公司債借款**
　　台灣規定私募債的募款對象最多不能超過 35 人,細節請找專家諮詢。

❾ 發行股票募資（股權投資）

綜上所述，企業主和公司確實有更多樣化的籌資方法。因此，如果真的想成為「億萬富翁」，最好盡快成立公司。即使你是上班族，仍然可以成立公司，利用私人和公司的雙重身分進行借貸。

不過，有一點必須注意：**借來做生意的錢原則上不能用於投資。你應該用借來的資金做生意賺取利潤，然後再用利潤進行投資。**

07 成為億萬富翁的兩條路，該如何選？

我與成功的企業家也有不少交流，單看人數的話，我的朋友當中，「企業家」的人數遠高於「投資專家」。你去書店逛逛，就能看到他們寫的商業書籍，內容多是在教人如何經商和成功的訣竅。可惜的是，**不是每個人都適合做生意，也不是每個做生意的人都能賺大錢。**

要讓商品大賣，必須遵循某些原則。

我以前也做過業務員，薪資與業績掛鉤。我花了約 10 萬日元購買知名業務員的 DVD 學習，按照指導內容推銷商品。不久後我就成了頂尖業務員，月薪高達 800 萬日元。但是，業務員的壓力真的很大，我很懷疑有誰能長期堅持下去，至少我自己是沒辦法。

另外，一家企業能存活三十年以上的概率僅有 0.02%。當然，這只是一種統計結果。我不想過於悲觀，但事實是，大多數創業者最終都會關門大吉。**商業競爭非常激烈，有人**

贏就有人輸。大家都在爭奪有限的市場份額，即使你效法那些優秀的企業家創業，也不能保證一定成功。

如果你只是想致富，直接構建資產是最快的方法。只要按照原則執行，任何人都能成為富人。你們家鄉應該也有那種大地主，擁有大量房產吧？他們之所以成功，就是**因為世代累積資產**。因此，構建資產與能力、體力、性格、年齡無關，是所有人都適用的唯一方法。

我的師父奧利華一針見血地指出了現實：「在日本，企業主的年收了不起 1 億元，最頂尖的也就 10 億元吧？相對地，**投資專家的年收少說都是 1 億元、10 億元，甚至 100 億元起跳**。這也間接證明了，要靠做生意累積財富是多麼困難的一件事。

假設有 100 人創業，可能只有 10 人能賺錢。能長期穩定盈利的，可能只剩 2、3 人。所以，那些成功的企業主願意教你，是因為他們清楚，能像他們一樣賺大錢的人很少，幾乎沒有人能成為他們的競爭對手，這才是他們樂於傳授經驗的原因。

然而，透過**投資方法建構資產，不管是誰來操作都有一定的成果**。新手和我這樣的老手之間差別不大，因此我們不會輕易告訴別人，只會傳授給值得信賴的人。」

快速致富，應選擇當企業主還是投資專家？答案顯而

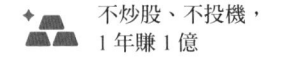

易見——當然是選投資專家。

人們常忽視一點，那就是企業主必須顧及公司股價，言行舉止都要格外謹慎，承受的壓力不小。據說某大企業老闆絕不與異性單獨乘同一部電梯。這麼做主要是為了防範被仙人跳，防止被拍照做文章。大企業老闆只要有一絲絲醜聞，都可能影響股價暴跌。有些人會刻意設計這些大老闆，藉機做空大賺一筆。

相比之下，投資專家幾乎不怕這類醜聞。他們與大企業老闆不同，即使與異性傳出緋聞也無關痛癢。畢竟他們只是純粹用錢生錢，也沒有自家股票需要擔心。

唯一比較頭疼的，就是要面對稅務機關吧！不少人將資產轉移到海外避稅，但最近各國都在追稅，甚至連轉移到海外的資產都可能被追繳稅金。

我前夫也擁有相當多的資產，但銀行帳戶裡只有幾百萬元。某位日本億萬富翁，各家銀行帳戶的存款加起來不超過 3,000 萬元。因為存款超過 3,000 萬元的人，會接到各種金融產品的推銷電話；**存款超過 1 億元的人，更會被稅務機關視為重點關注對象。**

不要相信男人的年收

　　許多女性夢想嫁給金龜婿，本質上她們看重的是對方的年收入吧？但是，除非對方是普通上班族，否則單看年收入往往不準確。企業主和投資專家可以自行決定，要從自家公司領取多少年收，無論是 0 元或 100 億元都沒問題。他們會權衡稅金和借款信用額度後，再設定自己的年收入。有些婚姻詐騙犯會偽造 1 億元的年收入。當然，被騙的女性也是因欲望而喪失判斷力，所以雙方都有責任。

　　年收入越高，稅金和保險費用會隨之增加，但借款額度也會提高。如何取捨因人而異，但企業主通常會提高自身的年收入，以增加借款額度。而投資專家為了節稅，則傾向於壓低年收入。

　　如果是從正規金融機構貸款，就需要設定較高的年收入。不過，財富越龐大的投資專家和企業主，選擇也就越多，當然也就越不在意表面上的年收入。日本規定公司最多可以從金融機構貸款 40 億元，而其他借款方式幾乎沒有限制。我認識一位投資專家，實際年收入超過 10 億元，但帳面上的年收入只有 5,000 萬元。

08 正當的投資，能為社會帶來貢獻

有的人對投資持保留態度，他們的觀念是，要辛苦工作才算貢獻社會、造福世人。來找我諮詢的客戶，也常有類似的看法。**但我可以告訴各位，投資也是能貢獻社會的。**

詳情留待第四章再說明，我提倡的投資方法是需要「實體標的」的。這種投資方法又稱為「實體投資」，**你投資的資金會流通到其他人手中，你的投資標的其他人也用得到。**

舉個例子，我師父奧利華在柬埔寨進行農業投資，創造了 2,100 個工作機會。投資內容是栽種無農藥作物，對當地社會有不小的貢獻。此外，他在其他東南亞的開發中國家從事義工工作。**他認為，投資的槓桿效應，可以對社會做出最有效的貢獻。**

大規模投資可以利用金錢的力量行善助人，其影響力往往超過個人。

說到農業投資，最近很盛行有機農業。部分開發中國

家因未完全接受西方文化,因此栽種作物一直沒有使用農藥。我認識的一位投資專家史密斯,正是看中了這個商機。

評估投資可行性的關鍵在於親自實地考察投資標的,並判斷合作方的可信度。優秀的投資專家都具備敏銳的洞察力,能迅速評估對方的為人。更重要的是,他們願意前往一般人不願造訪的偏僻國家。或許應該說,鮮有人去的地方,才具探索價值。

史密斯曾這樣分享他的經歷:「那個國家真的很偏僻,要去那裡可不容易。我一下飛機,就聞到一股餿水味,附近都是動物排泄物和蒼蠅,公車好像永遠不會來。道路上沒鋪柏油,走著走著,小腿被蚊蟲叮得滿是包,真的很辛苦。

不過,就是因為其他人還沒發現那裡的價值,也沒人投資,**那樣的地方才最具投資潛力,一旦下定決心,就要果敢行動,這就是成功的祕訣**。世界上有太多害怕失敗的人,所以敢去沒人去過的地方,從事沒人做過的投資,才有機會成功。」

投資界有一個不成文的規定:**敢於特立獨行的人,往往能獲得最大的回報。**

沒有人不害怕失敗,但經過深思熟慮的人,可以克服恐懼,獲取成功的果實。我想請問各位,你們是如何面對「恐懼」的?

09 先有錢，再去實現夢想

很多來找我諮詢的人都有共通的煩惱：他們厭惡自己的工作，有些人甚至是厭惡自己的伴侶。簡而言之，就是對自己所處的環境感到萬分不滿。

每當碰到這種情況，我就會分享我師父奧利華的格言給他們。我的師父也是白手起家，非常了解這些人的心境和痛苦。

「坦白說，**你們現在之所以如此痛苦，主要就是因為沒錢的關係**。我知道你們可能不願意相信，這種心情我也曾深有體會。然而，你大多數的問題都能用錢解決，大多數的夢想也能用錢實現。請你仔細想想，你的煩惱是不是真的無法用錢解決？

明明用錢就能解決的事情，你們卻想用其他方法來處理，對吧？所以才會勞心勞力，最後再也受不了，是吧？」

聽完這些話，他們最終都承認自己的煩惱確實可以用

錢解決。無論是相親、離婚，還是人際關係、居住問題、遺產繼承或親屬照護⋯⋯大多數情況下，有錢就能解決。

不只「煩惱」能用錢解決，「夢想」和「人生目標」也是一樣的道理。問題在於日本根深柢固的觀念：日本人普遍認為金錢不重要，無欲無求地追求夢想才是了不起的事。

每次聽到這種說法，我就很想反駁。與其絞盡腦汁想當一個成功的藝人或企業主，不如先成為一個成功的投資專家，再用金錢來實現夢想。這才是最快、最有效的方法。

遺憾的是，大多數人都搞錯了這個人生順序，不把錢當一回事，這種觀念根本是在自欺欺人啊！

「趕緊建立資產，處理那些有錢就能解決的問題吧！解決這些問題後，你才有精力去面對那些金錢無法解決的事情。認清人生的輕重緩急，才能提升生活品質。」我的師父一直這樣苦口婆心地勸誡自己的學生。

很多人想通過創業成為有錢人，我確實也遇過一些非常成功的企業家。但問題是，經營企業需要天分，沒有天分的人再怎麼努力也難以成功。

因此，我建議你們先著手建立資產。設計一套能為你自動賺錢的機制，之後再去追求你畢生的志業吧！

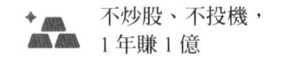

10 賺錢能力好的人，不一定懂投資

我參加過不少經營或投資講座，每一次參加我都有同樣的感想：「對自己的賺錢能力越有信心的人，越不適合當投資專家」。

因為對自己的賺錢能力有信心的人，往往都認為「先工作賺錢吧」。我跟許多企業主交流過，發現那些想靠勞動賺錢的人，主要分成三種類型。我就介紹幾個淺顯易懂的例子，各位看看自己屬於哪一種類型：

❶ 完全不投資的類型

第一種是對「投資」不感興趣的類型，這種類型的人一碰到新冠疫情或其他社會動盪，營收會大受影響，公司可能一夕之間倒閉。一個經營企業的人，如果不能靠投資的利潤支付員工薪資和各項固定成本，其實是很冒險的一件事。

包含體質健全的公司,其實也都有額外的投資。

我認識兩位經營旅遊業的社長,姑且稱他們 A 和 B 好了。

A 社長完全不投資。

B 社長則相反,他的投資利潤足以支付每個月的固定開銷。我以前當業務員的時候,這位社長就是我的客戶。當年太陽能電力的價格不錯,我曾建議他不妨投資太陽能設備。

之後疫情爆發,A 社長因為完全沒有投資,不得不裁撤一半以上的員工,疫情過後成為清潔公司的加盟店。

B 社長的公司從事旅遊業,疫情重創了公司,但是因為綠能的收入,仍能支應固定開銷。多虧他當初因為我的推薦而進行投資,才能輕鬆度過這一次的危機,所以他很感謝我,前些日子還請我吃大餐呢!

這是很好的經驗談,即使是企業經營者,也不能不投資。像 A 社長這種**「完全不投資的人」,很容易被時代的巨浪吞沒**。各位既然會看這本書,相信也不需要我多做解釋,沒有投資是不可能榮華富貴的。

❷ 靠「資本利得」的類型

大多數企業主都是靠這種方式投資。**我看過好幾百個**

富翁，所以敢斷言事實就是這樣。很多企業經營者是靠「資本利得」的方式獲取成功，好比做股票或不動產交易等。他們沒有靠分潤賺錢的概念，對「被動收入」缺乏正確的認識和價值觀。老實說，這種類型的人在投資領域取得成功的可能性也很低。

我認識一位經營管理培訓班而聞名的 I 社長，他最近賣掉了新宿的房產。那棟房產當年以 2 億日元購入，然而要找到能夠負擔 2 億日元房子的買家並不容易，最終他不得不以 1 億日元的價格售出。

除此之外，當我深入了解 I 社長過往的投資歷程時，發現他似乎除了資本利得的觀念以外，其他什麼都不懂。這種思維導致他常買一些難以保值的標的。也因為投資失敗的經驗太多，I 社長現在認為「投資就是高風險的行為」。

一位曾經報名 I 社長管理培訓班的企業主，前幾天也賣了漲價的股票，其實這同樣是屬於資本利得的利潤。後來那檔股票大跌，這位倖免於股災的企業主便發誓，未來再也不碰這麼危險的東西。

企業主多半有優秀的賺錢能力，所以都想靠自己賺來的錢購入投資標的，再靠轉賣的方式賺取價差，這種想依靠資本利得來獲利的人很多。

❸ 重視分潤的「被動收入」類型

　　第三種人,則是懂得運用融資或借貸,發揮槓桿效益來獲得被動收入(分潤)。有辦法實踐這一套單純機制的人,才稱得上是真正的投資專家。事實上,那些資產近乎天文數字的大富翁,都是這類型的人。

　　他們會用被動收入來支付固定費用。誠如前述,那些本身有經營銀行的大型企業,也多半是這種類型。明明經濟不景氣,那些企業還是有不錯的收益。因為他們根本就是靠業外投資獲得的分潤,來支出每月的固定開銷。

　　現在,容我聊一下自己某位「遊手好閒」的朋友。

億萬富翁案例 4

　　某間鋼鐵大廠的社長,現在不過四十多歲,卻總給人一副悠閒自得的印象。每次跟他約,不是去打高爾夫,就是在其他娛樂場所消遣,每天只花 1 小時處理工作的事。

　　社長辦公室裡有很多高爾夫比賽的獎盃,閒聊時,話題也幾乎圍繞著高爾夫球,很少談到工作上的事。我很好奇他是怎麼賺錢的,便直接請教他的收入來源。結果發現,原來他也是依靠「被動收入」的類型。

> 「我的原則是，拿多少錢就做多少事。」社長笑著解釋，「主要收入都來自投資。公司的固定開銷，部分也是從分潤中支出。所以啊，**我的工作就是不做多餘的工作。**」他以詼諧的口吻道出了自己的生財之道。
>
> 這位社長其實是坐擁眾多不動產的大地主，每月都有可觀的租金和停車場收入。過去很流行太陽光電的時候，我曾向他推銷商品，他只用3分鐘就決定在工廠屋頂安裝價值8,000萬元的光電設備。在簽字購入前，他只做了幾項簡單的確認，例如綠電的報酬率、節稅效果等。如今，光憑這套太陽能光電系統，他每年就能獲得超過1,000萬元的收入。
>
> 這再次印證了一個不變的真理：**越有錢的人，決策往往越果斷**，這一點始終不變。

表面上看似無所事事的他們，實則精明能幹。那好，各位是哪種類型的人呢？

想必各位也看出我想表達的重點了，想要成為真正的有錢人，請務必成為第三種人。這才是通往財富自由的唯一正確途徑。

11 利用「優良債務」，創造錢滾錢機制

有債務一定是壞事嗎？多數人似乎普遍認為債務就是負面的，但其實債務也有好壞之分。

那什麼叫不良的債務？最具代表性的就是「房貸」。當然，懂得善用的人借房貸並不是什麼問題，但對大多數人來說，過高的房貸可能成為一輩子難以擺脫的財務負擔。

接下來，我會提到房仲常大推的「投資不動產」和「投資套房」。

我本身也贊成投資不動產，但你必須自己去找好的物件。理由很簡單，真正好的投資標的，人家不會告訴你，因為那些標的，房仲早就自己買下來了。他們賣給你的物件，往往是不太適合投資的不動產，可能只是賣剩的。

「汽車貸款」會減少你每個月的現金流量，也算不上好的債務。

那麼，什麼叫優良的債務？

以不動產來說，**就是你自己找到了良好的投資標的，並且借錢買下了那個標的，這才叫優良債務**。如果你信用評等夠高，甚至可以借更多的錢購入優質房產。

　　除此之外，類似新冠疫情期間的創業融資貸款，也可算是優良債務。因為利息不高，趁有這些方案的時候多借一點，把錢花在刀口上，不要用在多餘的事業和生活費上。按時償還貸款，持續下去就能提升信用評等，有朝一日可能借到更多資金。請用這樣的方式增加你的優良債務吧！

　　另外，透過「眾籌」的方式借錢也可算是良好的債務。**只要你把資金用在事業上，每個月都有淨現金流入，就算是優良的債務**。

看一個人講話就知道有沒有財務觀念

　　那些家財萬貫的資產家都具備正確的財務觀念，比如上面提到的優良債務觀念。簡單說，他們都具備有錢人該有的共識。

　　反之，也有很多人拚命炫富，但其實一聽就知道根本缺乏財務觀念。

　　有位三十多歲的網紅，曾經炫耀自己年收超過 1 億元。她出過好幾本書，也常受邀參加電視節目的拍攝，享有極高

的知名度。她看起來就像那種財大氣粗的企業主，身上總是穿著華麗的洋裝，髮型也打理得很時髦。出門一定帶名牌包，而且喜歡住高級旅館，談吐也是一副精明幹練的模樣。

我剛認識她的時候，她正在跟一個旅居海外的日本富翁交往，也提到了兩人交往的經歷。

「我男友是投資專家，他說我頭腦不錯，可惜完全沒財務觀念。我們在海外大吵一架，我對金錢觀念是最有自信的耶！我有很高的收入，那些有錢人都喜歡我，我身邊有各種商機和人脈，而且我完全沒有負債。我的金錢觀念超棒的，他竟然還說我沒金錢觀念，實在令人火大。」

有錢人喜歡她？身邊有各種商機和人脈？很多自以為是有錢人的傢伙，常把這些字眼掛在嘴邊。其實，金錢純粹是數字問題，人家不必喜歡你，你也不必討人家喜歡，這跟模糊曖昧的感情毫無關係。

再者，她認為借錢一定是壞事，這等於承認自己毫無金錢觀念。債務有分優良債務和不良債務，優良債務應該好好運用才對。

她對投資的觀念也令人搖頭。

「我也是有投資哦！光靠事業不夠穩定嘛！我以前用50萬元買入比特幣，現在漲到700萬元了。這下你明白了吧？我也是一個成功的投資專家。」

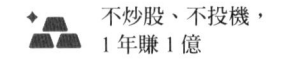

說句直白一點的，會侵蝕到本金的投資根本算不上投資。那是窮人在玩的賭博遊戲，正確來說那叫「投機」。

　　像這種討厭債務，只仰賴勞動和資本利得獲利的人，難以成為真正的資產家。

　　「窮人只想摘取果實，富人懂得種植果樹。」這是投資專家都懂的箴言。用資本利得那種殺雞取卵的思維賺錢，無法創造出一套持續錢滾錢的機制。

　　日本一位知名的投資專家，也說過類似的話：「有些投資在你一開始接觸的時候，真的是有夠難賺，但過一段時間變得超級好賺。我都把心力和資金挹注在這種投資上。」

　　討厭負債、凡事都想盡快獲得利益的人，反而永遠無法成為真正的有錢人。因此，真正的有錢人願意為了未來的果實播種，哪怕當下毫無收穫也在所不惜。

12 怎麼用 3,000 元，決定你跟有錢人的差距

市面上有很多頭頭是道的財富書籍，好比《女性的股票入門手冊》、《省錢大全》、《活用信用卡的方法》等。有一陣子我也買了很多財富書籍，但我後來想通一個道理。**有錢人只願意教導自己信賴的對象，所以要成為有錢人，首先需要親近有錢人才對。**

於是，我想到了「相親」這個方法。

就這樣，在相親過程中，我認識了投資專家阿丈（五十多歲），那個人身上有一股藏不住的貴氣。他的皮膚像麻糬一樣細嫩，耳垂也大得很誇張，我私下都稱呼他為「財神爺」。阿丈的資產超過 100 億元，而且很喜歡占卜。

有一天，他邀請我去唱卡拉 OK。我前往指定的場所後，打開房間一看嚇了一跳。陰暗的房間中，財神爺的身上映照著七彩的燈光……看來這位大富翁喜歡在住商混合大樓裡的卡拉 OK 包廂談事情。

我們聊了占卜、時裝的話題，還有最近流行的髮型和可愛的衣服等。阿丈一臉和藹可親，很容易激發女性的母性。聊天時，那張福態的臉總是笑容滿面，神采奕奕。

　　大約 1 小時後，他的話題聊得差不多了，也該是我開口的時候了。我問他，到底要怎麼才能成為有錢人？沒想到他直接關掉卡拉 OK 包廂的主電源，包廂內的音響和照明都停了。他湊近我耳邊說……

　　阿丈：接下來，我要說的事情非常重要，你要仔細聽。你有辦法每個月存 3,000 元嗎？
　　我：（吞口水）3,000 元？可、可以啊，存 3,000 元沒問題。
　　阿丈：存一年就有 3 萬 6 千元對吧？連續存十年，你會存下多少錢？
　　我：呃、乘以 10 就是 36 萬元對吧。
　　阿丈：對，每個月存 3,000 元，連續存十年就是 36 萬元。

　　這時候沉默降臨了——。
　　阿丈：再來才是重點，聽好囉！現在我們來思考另一

個情境，發揮槓桿效應……（他拿出手機操作計算功能）。假設你借了 300 萬元，年利率 2%。然後，用十年償還這筆債務，等於每個月要還「27604 元」。

我：對……（他到底要說什麼？）

阿丈：如果你善用這 300 萬元，年利率 9.6%（每個月 0.8%），等於每個月有「24,000 元」的利潤。比方說，你買了一間公寓或不動產，未來附近會蓋新車站，十年後價值會翻倍好了。你想像一下那個情境。

我：……我想像一下。

聽到這裡，我越來越困惑，搞不懂他到底想表達什麼。

阿丈：你每個月要還 27,604 元，利潤則有 24,000 元。兩者的差額等於每個月 3,604 元。

我：所以你是什麼意思？這代表我每個月還是要付 3,000 元啊，根本是賠錢的投資不是嗎？

當我提出這個問題時，阿丈頓時流露銳利的目光。房內漆黑一片，唯獨手機的青白光芒照亮他的臉龐。之後，他緩緩地說出下面這段話。

阿丈：乍看之下是賠錢，但你先靜下來重新計算一次。一開始我問你，你每個月存 3,000 元，存十年總共多

少錢？

我：呃、是 36 萬元對吧！

阿丈：答對了。那好,你借了 300 萬元,分十年償還,每個月還 3600 元,但是最後你手頭上還剩下什麼？

我：這是第二個情境的計算對吧？我想想哦⋯⋯

換句話說,他要我比較「3,000 元儲蓄」和「3,604 元的支出」,看看每個月同樣使用 3,000 元,兩者的差異有多大。我腦袋不太好,拚命思考他提出的問題。最後——。

我：啊！難不成⋯⋯你是指不動產？同樣運用 3,000 元,**後者可以得到價值 300 萬元的不動產對吧！**

阿丈：恭喜,這一題你也答對了,你終於想通了呢！這是資產家的基本思維,也是真正的財務觀念。遺憾的是,你在社會上再怎麼打滾,也很難學到這些東西。

我：原來運用 3,000 元的方式不同,會造成這麼大的差異啊！

阿丈：這一次我是用簡單易懂的小錢當例子,做一個比較保守的效益估算。其實呢,每個月有淨現金流入才是最理想的。

我：意思是連 3,604 元都不必付,而且還要倒賺⋯⋯

這麼好的事情有可能成真嗎？

阿丈：當然可能囉！比方說，你的還款年限延長到十五年，而不是十年。不動產的年利率不是 9.6%，而是 15% 好了。那你每個月就有淨現金流入了，如此一來，在你實際擁有那個不動產之前，你還是能夠靠那個不動產賺錢。

認識投資專家阿丈是我人生的一大轉機。從那一天起，我對世界的認知有了翻天覆地的變化。

每個月 3,000 元。

辛苦存下來一年只有 36 萬元。

然而，善用槓桿效益就有 300 萬元的價值。

事實上，購置不動產還要支出維持費用、修繕費用、交易費用等等。但就算扣掉這些費用，也有 200 萬以上的效益差距。

所以，**要有「優良債務」才能發揮槓桿效益**，那一天我徹悟了這個事實。

第 2 章

不浪費時間的致富習慣

13 「權衡利弊」，才能獲得最大利益

投資專家究竟看重什麼？他們會不惜代價來換取最重要的東西。因此，得事先決定什麼事「不該做」。**當事人處於魚與熊掌不可兼得的狀態或關係之中，總是需要「權衡利弊」，才能獲得最大利益。**

有時權衡利弊也很類似**「斷捨離」**，正確來說就是「停損」的概念。我認識的很多投資專家，都很重視「權衡利弊」的觀念。不管是時間、勞力，還是人際關係，只要他們覺得多餘了，就會毫不猶豫地捨棄。

億萬富翁案例 5

來舉一個權衡利弊的極端案例。我的客戶中有一位雅美女士，是四十多歲的企業主，為了建構更龐大的資產，**不惜用 1.5 億元的價格賣掉自己的房子，實在是膽識過人**。當然，

賣掉房產的她也很不安，但她認定建構資產更為重要。

她權衡的是「貸款」和「時間」這兩大要素。比方說，時薪 1,000 元的人浪費 10 萬元，等於浪費了 100 個小時。

雅美女士還沒賣掉 1.5 億元房產前，每個月光是貸款就要繳交 42 萬元。對於時薪 1,000 元的人來說，繳納這筆錢相當於每個月需辛苦工作 420 個小時，換算下來每天要工作超過 13 個小時。更重要的是，這筆貸款還需要繳納 35 年。

背負「不良債務」就如同將自己的時間綁住，只是這種束縛往往不易察覺。我知道這種說法可能會引起爭議，**但從某種角度來看，她買下了房子，等於低價出售了自己未來 35 年的時間。**

我向她解釋，浪費金錢實際上就是在浪費自己的時間，這在建構資產的過程中是一大阻礙。她認同了這個觀點，最後利用賣掉房產所得的資金，成功構建了龐大的資產。現在她每個月能獲得 150 萬元的利潤，過著輕鬆自在的生活。

果敢捨棄的人才會成功

我的師父奧利華，在權衡利弊這方面做得非常徹底。那與其說叫權衡利弊，不如說是**「全盤捨棄」**更為貼切。他的觀點是這樣的：

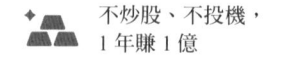

「有能力成功的人,在事業成長階段需要捨棄三樣東西。這三樣分別是交際、時間,還有以往的環境。只要能放下這些,成功就唾手可得了。」

由於奧利華完全不接受媒體採訪,所以就由我來介紹一下他的人生經歷。

億萬富翁案例 6

我師父奧利華原本只是一名普通的上班族,後來他決心創業,辛苦籌到了 2 萬美元,向知名的創業家學習。為了全心投入,他毅然辭去工作,斷絕了以往的人際關係,甚至刪除了所有舊有的聯絡方式。

他將小公寓裡的所有物品都請業者回收處理。只帶著一台手機,搬去那位創業家住的高級住宅區。社區裡配備游泳池、溫泉、運動俱樂部等設施,每月的租金高達 5,000 美元(約當時的 50 萬日元),是他以前房租的五倍之多。

對於一個幾乎沒有儲蓄的普通上班族來說,這無疑是一個極具冒險性的決定。幸運的是,他的導師就住在附近,經常邀請他一起用餐。在導師的指點下,奧利華只用三年時間就成為了一位營收破億的創業家。

為了追求更大的財富,奧利華又決定轉型成為投資專

第 2 章
13.「權衡利弊」，才能獲得最大利益

> 家。他再次展現了驚人的魄力，放棄了在商界的所有成就，結束了原有的事業。這種果斷的作風令人不禁肅然起敬。
>
> 他又投入了數萬美元，向其他投資專家學習，最終成為了一位成就斐然的投資專家。

也許有人會覺得，要捨棄所有的人脈是不是太極端了？這種事確實不是說做就能做到的。我知道有人一定會這樣想，但奧利華是這麼說的：

人生的時間有限，你要如何運用這些時間，完全由你自己決定。你要把寶貴的時間花在誰身上，主導權也在你手中。

假設有一個你不喜歡的人約你見面，不管那個人是你的上司、同事、家人還是朋友，你都有權利拒絕。只要你敢於做出決定，就一定能夠實現。

人生的時間應該要有效利用。對於不該交往的對象，我們應該盡量避免往來。**把寶貴的時間用在真正重要的人身上，這才是有效利用時間的方法。**

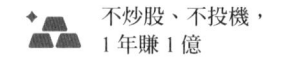

不要小看雜務的破壞力

每到晚上 8：00，我會關掉網路，將手機和室內通訊設備也全部調成靜音，好讓自己的大腦休息，為隔天的工作和寫作做準備。這種與外界隔絕的狀態，會一直持續到隔天的中午 12：00。

人腦每天能處理的事情是有限的。如果你同時用電子郵件或即時通訊軟體處理多項事務，**哪怕只是微不足道的小事，都會對你的腦力造成毀滅性的影響**。換言之，你將無法有效地完成工作。

再者，大腦在上午和下午的運作效率有顯著差異。我會在上午處理最重要的工作（對我而言，寫作就是最重要的工作），下午才處理家務或回覆訊息等瑣事。

無論你是上班族或家庭主婦，人生中最重要的事情都應該在早晨完成。否則你的大腦會精疲力盡，你的人生也會被雜事毀掉。

有錢人很擅長衡量時間和金錢。

舉個最簡單的例子，他們會買附有烘乾功能的洗衣機，用金錢換取更多的時間。相比之下，窮人往往用時間來換取金錢。比方說，從事低報酬的勞動工作就是典型例子，也有人為了省下幾十塊錢，不惜花一個小時去遠方的超市買雞

蛋，這都是用寶貴時間換取微薄金錢的行為。

　　金錢是可以透過努力持續成長的，而時間卻是固定的。無論如何努力，每天依然只有 24 小時。如果你想成為有錢人，你該如何取捨？

14 割捨破壞夢想的三大元凶

一個人就算有卓越的人品,若不能果斷捨棄多餘的事物,也沒辦法成為億萬富翁。誠如前述,我遇過的億萬富翁都說,在事業成長期必須捨棄三樣東西:

① **過去的人脈**
② **以往的環境**
③ **時間(不做沒意義的事情)**

有些人的資產能夠成長到天文數字,有些人則不行,關鍵差異就在於此。初次聽到這三項條件時,我也不認為自己能做到這種程度。但仔細思考後,發現放棄這三樣東西並非那麼可怕。

我並非鼓勵你憑一時衝動蠻幹。及早置身全新環境,才是促進自我成長最快、最有效的方法。其中,斷絕人脈尤

其重要。

我認識一位資產家，捨棄人脈的方式跌破眾人眼鏡。他捨棄了什麼樣的人脈呢？就是他的結婚伴侶。當然，出於對隱私的尊重，我無法透露太多細節，但在經歷一番糾葛和協商後，雙方尊重彼此的意願，結束了這段關係。

如果真心想成為有錢人，你必須謹慎選擇交往對象。 最好一開始就避開不良關係或不當人士，私生活不檢點的人特別容易遇到這類對象。這些人往往是破壞夢想的元凶，會摧毀你的夢想和人生目標。事實上，我們身邊也不乏一些扼殺夢想的親朋好友。

聖經中有這樣一句話：「你當遠離愚昧人，因為你不會從他嘴裡曉得知識。」對愚昧之人以誠相待，他們也未必能感受得到。最好盡快離開，不要浪費心力。

試問自己：你身邊是否也有應該捨棄的「夢想毀滅者」呢？

15 刻意消除自己身上的富貴氣

杜拜和阿布達比這些地方,有很多富可敵國的億萬富翁。投資專家戈登,也是其中之一。

這位四十多歲的投資專家資產超過 12 億美元,每次操作的投資金額至少是 1 億美元。他在全世界十幾個國家都有住所,目前在杜拜生活。

光聽我這樣介紹,你可能會以為他的生活環境金碧輝煌吧?

然而,我實際與他見面時,發現他穿得與流浪漢無異,體型也與日本男性相近,看不出體格有多好。身上穿著鬆垮垮的 T 恤和短褲,因為剛去落後國家視察的緣故,整雙腿被蚊子叮得滿是腫包。頭髮和鬍子也凌亂不堪。

乍看之下,你很難判斷這個人的國籍,**唯獨那一雙大眼鋒芒畢露,有點像是三餐不繼的窮光蛋**。他開的車子,也是農民常用的那種小貨車,而且還住在人跡罕至的山區。

15. 刻意消除自己身上的富貴氣

戈登是**刻意消除自己身上的富貴氣，為此他還做了不少訓練**。

尤其在搬運現鈔或黃金時，他會先替自己投保，再找幾個看上去不像保鑣的保鑣隨行。

「**金錢有不可思議的力量，就算你很有錢，也絕不可以被其他人知道**，否則別人就會來騙取你的錢財，而且還可能被小偷或稅務機關盯上。」這就是戈登的警語。

他特地讓我觀看時價破億的黃金和現鈔，一般人可無緣見到這麼龐大的財富。那些財富都裝在一個很像垃圾箱的大箱子裡。為了掩飾財富散發的貴氣，他還真的在上面放了一堆廚餘和垃圾。看他做得這麼徹底，我當真被嚇到了。

有些人很羨慕海外名流，學他們購買名牌貨、開高級車、住高級旅館，而且拚命炫富。各位身旁也有這種人吧？那種紙醉金迷的人，並非真正的億萬富翁。我遇過很多富可敵國的有錢人，他們都跟戈登一樣，過著極為低調的生活。

現金有不可思議的能量

順帶一提，我也曾經手過龐大的現金。

以日元來說，一般人要領取百萬元、1千萬元、1億元現鈔時，可以要求銀行準備舊鈔或新鈔。

> 通常,我會請銀行換成新鈔。原因是,舊鈔經過很多人的手,能感受到上面殘留了許多人的能量。相比之下,新鈔未曾有他人經手,就沒有那樣的能量。
>
> 不信的話,各位可以比較一下:全部都是舊鈔的 1 百萬元,與您剛領取的 1 百萬元新鈔,看起來就是不一樣,對吧?如果是上億元的舊鈔,上面的能量更是難以消除。

戴金冠的麻雀

猶太教經典「塔木德」當中有一則可愛的故事,叫**「戴金冠的麻雀」**。猶太人中有許多大富翁和成功人士,值得我們效法。

這個故事雖然有點長,但對我們追求財富很有啟發,讓我大致介紹一下。

以色列有一位著名的國王,名叫所羅門王。有一天,所羅門王騎在一隻大鳥上,悠哉地巡視自己的國土。途中不幸遇上意外,從大鳥身上摔了下去。恰巧路邊有一群麻雀,看到所羅門王墜落就跑到他身旁,齊心協力救了他一命。

第 2 章
15. 刻意消除自己身上的富貴氣

所羅門王很是感激,便找來其中一隻麻雀,想要報答麻雀的救命之恩:「**為了報答各位的救命之恩,我可以實現你們任何願望。**」

麻雀興奮地向同伴轉達,大家七嘴八舌地討論要許什麼願望。是要一座水池,從此不用為飲水發愁?還是要一座葡萄園,不再為棲身之處煩惱?或者請人幫牠們種地,今後不愁食物?每一隻麻雀都有不同的想法。

其中一隻麻雀興奮地說道:「對了,我們向國王要求一模一樣的金冠如何?」

其他麻雀紛紛贊同。

「太好了!就這麼辦!戴上與國王相同的金冠,飛到天空一定很氣派。」於是,所有麻雀都決定要金冠。

麻雀代表便告訴所羅門王:「我們每一個都想要跟您一樣的金冠。」

所羅門王有些疑惑:「我不認為這是個好主意,你們要不要再想想?」所羅門王好心提出建議。

然而,麻雀執意要金冠。於是所羅門王按照約定,實現了牠們的願望。

麻雀們歡天喜地帶著金冠回到同伴身邊,每一隻麻雀都拿到了一頂金冠。大家都很高興,牠們驕傲地戴上金冠翱翔天空。

誰知可怕的事情發生了。

麻雀這種小鳥，平常獵人根本看不上眼，現在獵人卻注意到牠們竟然戴著漂亮的金冠。

「哎呀！這些小鳥頭上戴的東西很不錯嘛！把牠們打下來吧？」

獵人要的當然不是小麻雀，而是那些漂亮的金冠。

就這樣，**麻雀一隻接一隻死去，到最後只剩下5隻，差點滅絕。**

殘存的麻雀逃到了所羅門王那裡。

「大王，我們錯了。我們不需要這樣的金冠，這些金冠全部還給您吧。」

麻雀終於重拾了平靜的生活，數量也慢慢增加了。

這則寓言也是對我們的警示。弱者炫耀自己的財富，只會招來殺身之禍。不懂得深思熟慮的人，才會炫耀自己的財富。

聰明人會低調創造財富，低調增加資產。真正的有錢人就算家中再豪華，表面上也看不出來。

16 剔除不必要的物品，避免囤積

前文提過，真正的億萬富翁都有一個共通點：你光看他們的外表，無法意識到其實他們家財萬貫。

住在美國的 T 牧師（六十多歲）就是這樣的人。他是日本人，年紀輕輕就旅居美國，我是在教會認識他的。不過，我完全看不出他是有錢人。

他來到教會的時候，都穿夏威夷襯衫和短褲，看起來就像早期的日本藝人。一張臉圓滾滾的，五官也帶有東方人的特徵，開的車子也是普通的日產 SUV。其他教友說他是有錢人，我起初還不太相信，因為他看起來就是一個普通的陽光大叔。

億萬富翁案例 7

有一天，我跟當時的丈夫萊恩（第二任丈夫，美國人）

一起到Ｔ牧師家作客。

萊恩認為，身為一個牧師卻家財萬貫太可疑了。一定是辦了什麼邪教，用不正當的方法斂財。我面帶苦笑，心裡想的是，Ｔ牧師應該不是這種人，但他確實很有錢，這又是怎麼一回事呢？

後來，我們見識到了非常驚人的景象。

我們開車前往Ｔ牧師的住所，地點在邁阿密的偏遠郊區。車子從市中心開了約一個半小時，眼前出現一座巨大的高爾夫球場。入口管制處有很高的圍牆和剽悍的保鑣，我們怯生生地自報姓名，保鑣查看我們的身分證後才終於放行。

我們抵達內部的房舍，起初還懷疑那真的是普通人住的房子嗎？那房子簡直與王宮一般華麗，厚重的大門還鑲有彩繪玻璃，內部是鋪滿大理石磚的巨大玄關。**光是一個玄關就比普通的日本民房還大了。**

我們驚訝得合不攏嘴，Ｔ牧師穿著休閒裝扮現身了。他首先表示歡迎，再帶我們到一張非常豪華的沙發上（那張沙發是專門讓客人脫鞋子用的），請我們脫鞋子。

之後他帶我們往裡面走，裡面有一整片玻璃帷幕，還有一架大鋼琴。飯廳的餐桌超級長，看起來像達文西的名畫「最後的晚餐」中的餐桌。室內的裝潢連五星級飯店都比不上，舉凡各式家具、擺設、窗簾、地毯都很貴氣，即便不知道價

格,也看得出是超高級品。

窗外壯闊的景色也令人驚艷,泳池對面就是一望無際的高爾夫球場,上面還有兔子跳來跳去。

「這到底是怎樣啊……」我目瞪口呆,也算情有可原。

T牧師常說,他以前是個很成功的貿易商,住在洛杉磯的超高級住宅區裡,與好萊塢的名流當鄰居。任何想要的東西他都直接買下來,完全不看價格。他過慣了那種奢侈的生活之後,發現物慾再也滿足不了他,甚至還感到很空虛。於是他決定搬到邁阿密,住在小巧普通的房子就好。

當一個人再也沒有買不起的東西時,對於用錢能買到的東西反而沒興趣。他把時間和財力用來造福人群,對他來說,當牧師就是幫助別人最好的方法,這樣才會越過越幸福。

聽完這些話,我只愣愣地問了一句:「**這樣的豪宅還只是普通的房子?**」

T牧師的豪宅真的很大,但我逛到一半發現一件事。

「**這座宅院的氣氛很寧靜,感覺像神社一樣。**仔細一看,擺設也相當少,每一個地方都打掃得很乾淨。他有雇用幫傭嗎?房子這麼大,他太太不就每天都要打掃房子?」

奇怪的是,有錢人家的東西都不多,而且都打掃得很乾淨。尤其T牧師家中更是如此,東西非常少,甚至給人

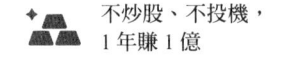

一種風水寶地的感覺。

先說結論，**T 牧師沒有雇用幫傭**。整片房舍和土地，都是他們夫妻倆親手打掃的。什麼東西需要，什麼東西不需要，他也分得很清楚，所以家中沒有多餘的東西，一向整潔乾淨。他本人的說法是，**沒有多餘的東西就不會髒亂了**。

另一位三十多歲的優秀企業主，家中也是一樣的光景。

他的住家也是社交聚會的場所，有一次我去看了一下，發現連衣櫃裡的衣物都很整齊。他說**自己是斷捨離的專家**，「懂得掌握機會的人，都不會囤積太多物品在身邊。」

當他宣布要舉家搬往新加坡，也真的在一個月內實踐了，動作迅速也是成功人士的特質。

談個題外話。

T 牧師用很漂亮的咖啡杯，替我們夫妻泡了很好喝的咖啡。但他自己用百元商店買來的便宜馬克杯喝咖啡。我還記得前夫看到那個景象，很佩服 T 牧師為人處事的態度。

17　放下「勞工思維」，掌握「投資者思維」

很多億萬富翁都是白手起家，並不是含著金湯匙出生的。但這些人有一個共通點，他們不會為了養家糊口，去做自己不喜歡的工作。因此，他們大多數都有身無分文的經歷。跨越了重重苦難以後，**這些人反而比天生含著金湯匙出生的人更有錢。**

好比前文提到的，那位旅居美國的 T 牧師也曾經是個窮光蛋。他年輕時嚮往美國夢，帶著 500 萬日元跟妻子一起到美國打拚。他的貿易工作一開始並不順利，從日本帶來的錢越賠越少，最後身無分文。**但他不想養成勞動者的思維，不肯受雇於人領死薪水。這些億萬富翁雖然待人和善，性情還真是剛毅哪！**

夫妻倆過著窮困潦倒的生活，本來美麗的妻子也一臉憔悴。他真的絕望了，心想或許只有尋死才是解脫。

夫妻倆苦苦摸索生存的辦法，有一天突然看到了希望。

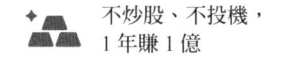

他們發現從日本帶來的行李中，還有 10 公斤的米。兩個人抱在一起喜極而泣，感念天無絕人之路。

後來，T 牧師努力維持生計，成功完成了幾筆小交易。雖然日子清苦，他還是很重視自己的信用，慢慢累積自己的名聲。漸漸地，交易量越來越大，每個月終於有 1 億元以上的營收。最後，他買下了遊艇、名車、豪宅，想要什麼就買什麼，完全不再考慮價格。

聽了他的教誨，**我在幾年後辭掉工作，準備當一個真正的有錢人**。你越努力勞動，反而會失去時間和從容的心境，在無形中養成「勞工思維」。

因此，我也決定不領失業救濟。去職訓中心或假裝去面試，就可以領到失業救濟，但同樣會在無形中養成勞工的思維。**養成勞工思維的人，很難成為成功的投資者**。有鑑於此，我迅速成立公司，幸運領到了日本政府提供的 100 萬元補助。盡早掌握「投資者的思維」，才是最難能可貴的資產。

億萬富翁案例 8

來介紹一位世界知名的藝術家 M 先生吧。

他年輕時同樣嚮往美國夢，早早就到美國定居了。他很

> 喜歡畫畫，可惜作品一幅都賣不出去，後來只好去當車禍現場清潔員，甚至還當過實驗藥物的白老鼠。因為這些工作大家都不願意做，所以酬勞還不錯。
>
> 不過，他還是希望把時間花在自己喜歡的藝術活動上。**與其花大把時間做一些無聊的工作維持生計，他寧可選擇短時間又高薪的工作。**在一貧如洗的生活中，他依然專注於自己最喜歡的藝術活動。後來總算獲得賞識，如今成了大紅大紫的藝術家。
>
> 他在美國有一棟豪宅，面積比高爾夫球場還大，外觀看上去像城堡一樣。出國都搭自己的飛機，海外的 8 棟別墅還附有自己的畫廊，財產多到花不完，得成立信託來管理才行，算是典型的富裕階級生活方式。
>
> 儘管他現在功成名就，但他還是願意分享自己吃過的苦，不怕別人嘲笑他過去的職業。真是一位人品高尚的人。

我教導學生的基本原則是，先成為有錢人，再去做你想做的事情。當然，也有學生像那位藝術家一樣，專注在自己的興趣上。

自由是要對自己負責的。不要為了錢工作，要做自己喜歡的事情。

18 養成不只看表象的投資眼光

「**不要看甕的外觀,要看裡面的東西。**」猶太教典籍「塔木德」當中,有這麼一則訓示。只看甕的外觀,看不出裡面裝的東西有多少價值。

因此,這句話的意思是不要被外觀迷惑,要靠內在來判斷。

真正的富人,不會把自己打扮得像個有錢人。因為他們不想碰上以貌取人的人。而且他們在投資時,會看投資標的真正的價值,而不是現狀。

一般人在投資時,往往只看外在因素。比方說,購買金融商品時,只看那項商品是哪家銀行推出的;購買不動產時,只看不動產的外觀。有些人甚至只因某樣東西價值很高,就貿然買下。也有人是看廣告、網路就做決定了。

然而,一個甕的外觀再怎麼漂亮,如果裡面的水很少,

或者水已經變質了,那你買來也沒有意義。只看外在因素來做投資,結果多半會損失慘重。

另外,**真正的有錢人也不會購買賓士,他們都買法拉利**。為什麼呢?因為賓士一買到手就會貶值。法拉利的數量有限,比較不容易貶值,通常還有升值的空間。

有一位投資專家,過去花 700 萬元買了一輛日產的 GT-R,最近賣了 3,000 萬元。

那位投資專家還用 1,000 萬元,買下瑞士的超高級名錶。那款手錶本身數量稀少,總有一天會升值,就算貶值也不可能貶太多,所以那其實是一筆投資。事實上,最後那一款名錶漲到 4,000 萬元,他轉手賺了一大筆錢。

真正的投資專家對轉賣價值很敏感,就算東西貴得驚人,只要那樣東西確實有極高的轉賣價值,他們就不怕購入,畢竟那算是安全的投資標的。

億萬富翁交朋友的觀念也異於常人。真正的富人對功成名就的人沒興趣,他們喜歡那些沒沒無聞,但很有潛力的年輕人。低買高賣,這樣的觀念也適用在人際交往上。

我認識一位瑞士的大資產家朱希,他的說法是這樣的:

「交朋友不能看對方的財富。投資也是一樣的道理,

要先看對方的為人。比方說,你要看對方是否誠懇,是否有分享財富的愛心。**最後,才是看投資標的有沒有發展性。**我再重申一次,對方是否值得信賴才是最重要的。」

這只是其中一個例子,但任何事情都是同樣的道理,**判斷一件事情不要只看外觀。**這就是富人的思維。

一流投資專家的併購手段

找出目前價值不高,但未來很有潛力的投資標的,這一點非常重要。

有一則猶太典故是這樣的:

有個男人在農場當牧羊人,他已經結婚了。可是,他拚命工作依然改善不了生活,於是他找農場主人談判:「黑羊的羊毛沒價值,只有白羊的羊毛才有價值,所以你把黑羊給我吧。」

後來,他成功討到了黑羊,自己做起了牧羊的生意。事實上,黑羊的羊肉十分美味,他就是知道這一點,於是靠這個事業發跡,累積了龐大的財富。

坦白說,投資專家併購企業或投資事業,道理也跟這個「牧羊人」的故事一樣。他們會先找出真正有價值的企業,然後高價賣出。

我舉一個實際的投資案例。

從事系統開發的 A 公司,有一家合作夥伴 B 公司,開發出來的系統都賣給 C 公司。

我的老師奧利華一直很注意 A 公司。A 公司乍看之下只是一個下游承包商,好像沒什麼價值可言。但 B 公司會幫忙找客戶,而且又有 C 公司這個穩定的客戶。因此,奧利華認為這是一個很棒的投資標的,所有必備的要件全都包括了。

由於 B 公司和 C 公司無法自行生產系統,幾乎都要仰賴 A 公司的研發。於是,奧利華大舉投資 A 公司,協助 A 公司開發系統。

現在光靠那一套系統,他每天享有 2 萬美元的利潤。等這一套系統的價值再高一點,他打算直接出售,這種作法很類似併購的手段。

有的投資專家會去收購一些高人氣的網站,再從其他投資人身上集資營運,用巧妙的方式獲取利潤。

另外,眼光也很重要。**有些東西在本地不值錢,在海外卻非常值錢**。找出別人沒有注意到價值的東西,或是有潛力的人才,這些都是不錯的投資。

廢棄物用在對的地方也會變成寶。第 4 章我會繼續介紹這個道理,想快點知道的人直接跳過第 3 章也沒關係。

19 先懂得付出，才會成為有錢人

我問過很多幸福美滿的有錢人，到底要怎麼做才能跟他們一樣有錢。他們給我的答覆都一模一樣。**想成為有錢人，要先懂得付出，不要滿腦子想著錢。**

有一次，我問師父奧利華一個問題：「我現在是建構資產的專業顧問，如果我只做有錢人的生意，別理會經濟條件不佳的人，這樣生意應該會好做很多吧？這對我和客戶都是雙贏，不是嗎？」

他立刻回答我：「這是一般人常有的誤解。就算對方經濟條件不佳，只要他有心努力，你就該盡量幫忙，不要計較酬勞。這樣你未來才會得到更大的回饋，比你只做有錢人的生意更加豐厚。

先付出而不求回報的人，反而得到更多。比方說，先告知對方想要知道的訊息，或者先付錢向對方學習，這也是一個方法。其實，我也不懂為什麼先付出的人得到更多，但

這確實是真理。」

起初我聽了他的教誨，不太能理解這是怎麼一回事。然而，接觸的學生多了，我漸漸明白這個道理。

能夠建構龐大資產的人，都有一個共通點。他們都懂得先付出，而不會斤斤計較利益的事情。

億萬富翁案例 9

我的學生當中，也有人是先付出才致富的。例如三十多歲的 M 先生，他本來都已經聲請破產了。由於信用記錄不良，所以 M 先生的銀行帳戶已經被凍結，當然也沒辦法向金融機構貸款。

最後，他只好寄住在女朋友家中，靠女友接濟過活。

一般人聽到這段經歷，都覺得他是一個破產又吃軟飯的小白臉，但在我看來，他純粹是一個很普通的男性。

M 先生自己也擔心，再這樣下去，人生就要毀了，所以他很認真學習理財──其實連參加理財講座的錢，也是跟女朋友借來的。後來，他來參加我的資產建構講座。我告訴他，要先懂得付出，他只要**先做自己能力所及的事情就夠了，這才是關鍵所在**。

問題是，M 先生完全沒有金錢或資產，想付出也無從使

力。於是，他轉換了一個觀念：「反正都是沒錢，每天也閒著沒事做，不如用社群網站幫助別人？用我學到的財經知識替人排憂解難吧！」

就這樣，M 先生花了大把時間幫助網友。老實說，他才是需要幫助的一方。但他學到了先付出才會有錢的祕訣，便馬上付諸實踐。

他誠心傾聽網友的煩惱，偶爾附上一些有用的訊息給網友，雖然賺不到錢，但他過得非常開心。有時候一整天都在回訊息，連吃飯睡覺都忘了，也有越來越多網友找上他。M 先生用有系統的方式，歸納每一個網友的煩惱，整理出有效的解決辦法，甚至還用上了 Google 試算表功能。

久而久之，M 先生在網友間享有盛名，各大社群網站的網友都在討論，現在網路上出現了一個財經專家。有一次，他和一個網友相約見面。兩人見了三次面，也成了好朋友。對方很慶幸自己遇到一位財經名師，於是付錢請他一對一指導。就這樣，他頭一次賺到高額的學費。

事實上，那個網友本身就是一個很有錢的人。後來 M 先生成立公司的時候，他還提供了 3,000 萬元的資金。

現在 M 先生除了設立財經學院以外，也是一位成功的企業家。

有時候我們在商場上，會看到一些汲汲營營於追求財富的人。有的人只做有錢人的生意，動不動就想騙客戶買下昂貴的商品。

女性朋友應該都有類似的經驗吧！可能是去做護膚按摩，本來正處在很享受的情境中，結果店家竟然開始推銷化妝品，那種感覺很掃興對吧？

這代表店家把錢看得比顧客更重要，消費者自然不會想再去消費，所以店家只能不斷騙新的消費者上門。到頭來，根本不可能成為有錢人。

為什麼 100 萬元的商品反而不宣傳

我來介紹一個朋友的例子，這個朋友跟前面提到的無良店家正好相反。這位六十多歲的飯店業鉅子，多半在歐美和東南亞活動，他也是喜歡付出的有錢人。我聽他說了很多自己的奇聞逸事，就讓我講幾個給大家聽吧！

億萬富翁案例 10

雅各的外表很年輕，有一口亮白的牙齒和濃密的黑髮，怎麼看都不像六十多歲。而且體型跟年輕人一樣苗條，動作

也相當敏捷。

他穿在身上的義大利西服，看上去筆挺又不會太過嚴肅，脖子上還圍著漂亮的圍巾。總之一切都恰到好處，不愧是高級飯店的經營者。

有一次他開車載我去他家玩。車子開過蜿蜒的小徑，沿途的道路錯綜複雜，如果沒有他帶路，我絕對走不出去。雅各的開車技術很好，簡直像是職業車手，出乎人意料之外。他家座落在一大片參天古木中，莊嚴華麗、不可方物。順帶一提，他特地把房子蓋在這麼偏僻的地方，就是不希望引人注意（真正的有錢人，會隱藏身上的貴氣）。

他本來是一家高級餐廳的主廚，專門服務有錢人。因為他待人誠懇，那些有錢人都很喜歡他，所以他不用寫借據就借到了一大筆錢，並且用那筆錢成為了資產家。據他本人的說法，他的人生充滿了挫敗，跟一般人大相逕庭。很多媒體都想採訪他，但他為了保護自己的身家財產，拒絕了所有的採訪邀約。

他經營連鎖飯店和會員制沙龍，純粹是出於「興趣」。反正是做興趣的，他只希望客人開心就好，這樣他就心滿意足了。他喜歡看到客人歡樂無比的模樣，所以一切服務都沒有考量成本，他只思考該怎樣取悅客人。有時候還會發揮一點童心，送給客戶驚喜的體驗。

> 沒想到，客人也很捨得花錢享受他提供的娛樂。他的沙龍會員資格要價超過 100 萬元，不必宣傳就有一大堆人搶著參加。因為他只想著「付出」，反而贏過了其他競爭者。

在商場上，滿腦子錢財的人不可能成功。

像雅各這樣，把自己喜歡的事情當成畢生志業的人，反而懂得取悅客戶，客戶也願意花錢表示感謝。這才是做生意的極致。

20 快速更新思維、徹底翻身的三步驟

我剛成為資產顧問的時候，察覺到了一件事情。原來我身邊的女性客戶，都只想著要鬆嫁入豪門。一開始，我的想法是，畢竟我的事業剛起步，難免會吸引到這種人。可是，過了2、3個月，情況依舊沒有改善。

有一次我師父來找我，雖然他笑容滿面，但眼神完全沒有笑意。

「你收了太多沒骨氣的學生，根本是『食人魚大隊』。」

食人魚大隊是他發明的詞彙，專指那些**喜歡成群結黨又貪財的人**。換句話說，就是那種只想依賴別人、侵吞別人資產的傢伙。他認定我的學生一無是處，搞不好連我也會被當成一無是處的廢物。

這下可糟了！

那好，第2章最後的億萬富翁案例，就介紹我自己的故事吧。老實說，要談自己不光彩的過去，實在非常丟臉。

但我希望這個故事,可以幫助你們掌握「投資者的思維」。

億萬富翁案例 11

師父給我發了一張黃牌,因此我決定先自己做出成績,再思考如何幫助他人。

我排除了一切多餘的事物,把生活重心都放在「建構資產」上。

我與母親分開住,因為她的思考比較負面,可能會影響我建構資產,所以我整整一個月都沒有與她聯絡。

那時候我的資產和收入都是零,簡直可說是中低收入戶了吧?

我整天都在看師父的教學影片,學習投資方法,努力把思維轉換成「投資者的思維」。我徹底執行師父的教誨,幾乎成為他的化身。

實際嘗試以後,真是出乎意料的簡單。**我一個月就達到財富自由了。**

作者簡介上寫道,我 3 個月就達到財富自由,4 個月就賺到 1 億元的資產,那是從我認識師父以後算起的。**但我實際嘗試後才發現,一個月就能達到財富自由了。**

更有趣的變化還在後頭,那些「食人魚大隊」的學生都

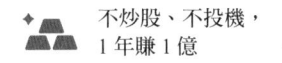

> 離開了，之後開始有新的學生加入。有的學生不得不領失業給付，也有人逼近破產邊緣，得不到金融機構的幫助。很多有困難的人都來找我。
>
> 接下來奇蹟真的發生了！那些快要活不下的窮苦人，一旦開竅就各個勢不可擋。他們就跟過去的我一樣，專心學習我的教誨，拚了命建構資產。**大多數人也在短短 3 個月到半年的時間內，陸續達到財富自由的目標。**

親身經歷過後，我才終於明白，要成為財富自由的有錢人，最重要的關鍵是什麼。那就是「**一口氣轉換成投資者的思維**」。

舉個例子，更新電腦的作業系統很花時間對吧？萬一中途停電或當機，系統就沒辦法更新了。人類的思維也是一樣的道理，在更新思維的過程中，要排除一切阻礙和夢想殺手。只要做到這一點，**天分高一點的人 3 個月就能見效了**。

掌控命運的三步驟

什麼樣的人才有前途？老實說我也不知道。很多人來參加我的資產建構課程，我認為其中有些人只要努力一定大有可為，結果那種人反而拿不出成果。

反過來說，有些人的狀況比死還糟糕，我對他們也不抱期待，但他們突然成功了，而且類似情況屢見不鮮。所以，該怎麼看人，我也說不準。

不過，那些成功的人，絕對都有下列三大步驟：

步驟① 選擇正確的資訊

真正的財經知識，只有真正的有錢人才有辦法教你。所謂真正的有錢人，就是已經當上億萬富翁十幾年的人。至於那些暴起暴落的人提供的方法，還是丟進垃圾桶吧！現代社會有太多無用的訊息了，很多人都過不了這一關。

步驟② 爽快付出

掌握了正確的資訊以後，你要回饋給你資訊的人。真正的億萬富翁在他們還沒錢的時候，也是想方設法籌措金錢來付出。

步驟③ 得到資訊後，立刻採取行動

得到了有錢人的真傳以後，要立刻採取行動。不採取行動的話，乾脆不要拜師學藝。因為這種人不管過多久，都不可能採取行動。

因此,書本沒看到最後沒關係,我知道這樣講很像自打嘴巴。不過,只要你有心實踐當中的內容,就應該立刻放下書本去實踐。下次再讀一點,然後再次實踐!唯有付出行動的人,才能達到財富自由的目標。

第 3 章

勇敢籌到資金的
投資策略

21 先搞清楚，每個月需要多少錢

　　如果你想當上億萬富翁，靠著投資分潤達到財富自由的話。**你應該先弄清楚，你要花幾年達成目標，或是在幾歲之前達成目標。**

　　不要聽信銀行或證券公司的話術來做投資，你的行動要有明確的自主性。唯有堅定的決心才能讓你當上真正的「億萬富翁」。

　　假設你希望每年有 300 萬元的投資分潤。有一個投資標的年利率 3%，那麼你只要有「1 億元」的本金，每年就有 300 萬元的利潤了。換句話說，你需要 1 億元的資金。那麼，你要用多少錢才賺得到這 1 億元？這關係到你的生涯規劃，也就是你要花多少時間籌措 1 億元。

　　假設你**希望十年後有 1 億元，那你現在需要賺多少？**同樣用 3% 的年利率來算，不擅長數學的人，不妨用野村證券的官網，上面有附帶計算功能，非常方便。

好,來對答案吧!

假設你有一個年利率 3% 的投資標的,**那你需要 7,441 萬元左右**。換句話說,你一開始就要有 7,441 萬元,然後進行謹慎地操作運用,這樣 10 年後就有 1 億元了。只要努力達成這個目標,每年就享有 300 萬元的利潤。如果你的生活水準跟年收 300 萬元的人一樣,那有這筆錢就能達到財富自由了。

如果你有成立公司,節稅的方法又會比上班族多。因此,即使每年有 300 萬元的利潤,反而不用繳太多稅金。

看到這裡,相信各位也明白了,光靠勞動積攢資本是多沒效率的一件事。

為了讓各位了解現實,下一頁我做了一個殘酷的圖表。兩邊都是操作 10 年,年利率 3% 的情境。

上方圖表的投資者,一開始就用「7,441 萬元的本金」,每個月 0 元,連續 10 年年利率 3%,操作下來的結果正如圖示。

第 113 頁圖表的投資者,一開始沒有任何資本,每個月存 10 萬元,連續 10 年年利率 3% 操作下來的結果,也呈現如圖示。

一樣過了 10 年，雙方的結果究竟如何呢？

上方圖表的投資者，賺到 2,559 萬元。

下方圖表的投資者，才賺到 194 萬元。

如此明顯的落差，就是我稱之為「殘酷」的理由。你每個月辛苦存下 10 萬元，終究無法達到那種高度。

順帶一提，如果用「無本金」的條件去操作，要在 10 年內賺到 1 億元，等於**每個月要存 72 萬元**才行。

不訂立良好的投資計畫，光靠工作賺取微薄的薪資，按照媒體教的方法去做小額投資，根本一輩子都無法達到財富自由，這種事情簡單算一下就知道了。日本的小額投資商品都有所謂的上限額度，初期能投入的本金都太小了。

請先決定好，你要在幾年內賺到多少錢。然後，推算你需要多少本金，用多少年利率來進行操作？

如果你連一個理想的計畫都制定不出來，就更不會有好的結果了。

大多數人都是去買樂透，偶爾玩點虛擬貨幣那一類的賭博玩意，幻想自己總有一天可以提早退休……結果年紀大了還是一事無成。**請不要過這種毫無計畫的人生。**

第 3 章
21. 先搞清楚，每個月需要多少錢

━┥ 一看就懂的「殘酷落差」

上方圖表光靠本金操作 10 年，下方圖表每個月存 10 萬元操作 10 年。不管怎麼看，都是上方壓倒性的勝利。

操作 10 年就能成為「億萬富翁」！之後每年有 300 萬元的利潤。

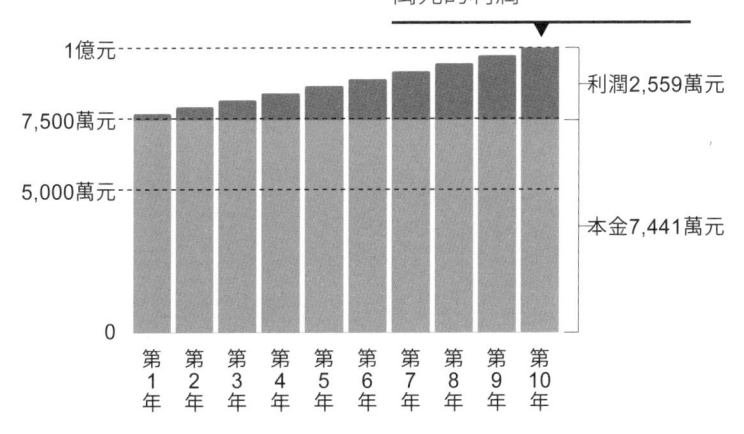

1億元
7,500萬元 — 利潤2,559萬元
5,000萬元
本金7,441萬元
0
第1年 第2年 第3年 第4年 第5年 第6年 第7年 第8年 第9年 第10年

1億元

每年辛苦存下 120 萬元，10 年操作下來利潤才 200 萬元左右，根本達不到 1 億元。

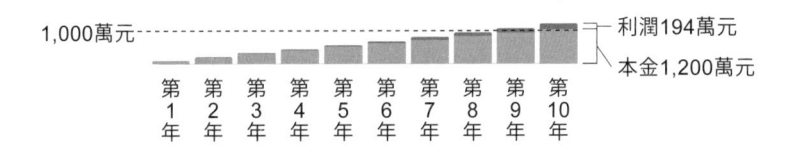

1,000萬元 — 利潤194萬元
本金1,200萬元
第1年 第2年 第3年 第4年 第5年 第6年 第7年 第8年 第9年 第10年

113

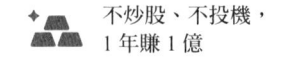

想當真正的有錢人,請一開始就準備龐大的資金,找到絕對不會賠本的投資方法。相信各位也明白,這兩個關鍵有多重要了。

當你的資產超過 1 億元,晉身有錢人的階級以後,你就有機會碰到更好的投資標的。請參考第 5 章的內容,慎選投資標的,小心不要被詐騙了。

有些公司債年利率有 3%,雖然買了也當不了有錢人,但至少不會賠本。我認識的幾位朋友,就用軟銀的公司債,每年賺 3% 的利潤。

總之,請先準備一筆「龐大的資金」吧!第 3 章我會介紹資產家常用的集資辦法,只要你覺得借貸是有利的,那就不要猶豫了,鼓起勇氣邁進吧!

22 不懂「籌措資金」，無法成為有錢人

以前因為家境因素，我不得不去一般企業當會計，那是一家食品企業。當上會計我才知道，那家公司一直都有週轉問題……理由是 K 社長鋪張浪費，他喜歡穿戴名牌、開進口名車，很多錢都不知道花去哪裡，公司自然不會有錢。

每到了信用卡繳款日或員工支薪日，連我這個會計都會提心吊膽。我剛進公司沒多久，他卻把經營不善怪到我頭上，我跟他還大吵了一架。

不過，這位 K 社長也有很多值得效法的地方。

億萬富翁案例 12

K 社長除了食品公司外，還成立了其他新公司，甚至計畫組織地方球團。作為一名會計師，我深知公司資金短缺，對他的願景也不抱期待。然而，他畢竟是一位創業家，「籌

> 措資金的能力」確實令人驚嘆。他向其他行業的贊助者募集資金，迅速創立了職業球團，這著實讓我大吃一驚！他才宣布要成立球團，短短半年內就實現了目標。
>
> 10年後，該球團成為聯盟中的頂尖隊伍，K社長也經常出現在電視節目中，成為全國知名人物。如今，他的事業範圍廣泛，從經營農園到振興地方經濟，再到營運球隊，真是無所不包。

無論是做生意還是投資，最快成為有錢人的祕訣就是培養「籌措資金的能力」。

前文我也提到，孫正義社長曾向沙特阿拉伯王子借調資金，他本人也擁有投資公司。樂天集團同樣成立了銀行和證券公司，專門用於籌措資金。

2020年7月，據紐約證券交易所估計，電動車巨頭特斯拉的市值超過2,110億美元，甚至超越了豐田汽車。特斯拉成功的祕訣，同樣在於其卓越的資金籌措能力。

創業家伊隆・馬斯克向眾多投資者籌集資金，創立了特斯拉公司。此後，他每年都持續大規模籌資。2021年3月，特斯拉甚至開放使用比特幣購買電動車，從而吸納了虛擬貨幣的資金來源（目前已停止此項措施）。

第 3 章
22. 不懂「籌措資金」,無法成為有錢人

強大的資金籌措能力不僅是創造龐大資產的第一步,更是最關鍵的能力。

23 打破先入為主的觀念，輕鬆借到千萬元

各位，如果你有辦法把普通的金屬變成「黃金」嗎？你會使用這項技術嗎？

這種技術又稱為煉金術，歐洲人曾深入研究過。當然，真正的煉金術並未成功。**但在現實世界中，有一種技巧不亞於煉金術，那就是「籌措資金的能力」。**

無中生有，創造龐大財富。

只要你掌握方法，一定會想嘗試看看。

「可是，我只是個普通人，不懂那些複雜的方法啊……」我知道，一定有人會這樣妄自菲薄。其實，有成立過公司的讀者就明白，只要把文件準備齊全，借錢真的是轉眼間的事。銀行的職責就是借錢給他人，你無需猶豫。畢竟你會償還本金和利息，對銀行也有利。

我有幾位學生雖然還不是億萬富翁，但他們明白**籌措**

資金並不困難。我來介紹幾個例子,供各位參考。

億萬富翁案例外傳①

二十多歲的梨香子與丈夫共同經營一家小型餐飲店。她為人正直友善,能與任何人迅速親近。雖然經營狀況時好時壞,但總體呈穩定增長。不料新冠疫情突然爆發,諸事不順,餐飲店的經營也日益艱難。

於是,梨香子開始學習財經知識。她在一次講座中學到「籌措資金」的重要性,決定向日本政策金融公庫和當地銀行借貸。過去她一直認為借錢是壞事,所以多次到銀行門口都打了退堂鼓。

最終,她下定決心借錢,從日本政策金融公庫借了600萬元,又從當地銀行借了400萬元,過程之簡單連她自己都感到意外。

億萬富翁案例外傳②

四十多歲的由美女士經營一家英語教室。

一次,她發現政府提供新冠疫情的「持續補助金」,立

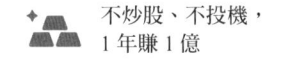

即申請並輕鬆獲得了 100 萬元補助。

她的學生中不少是商人,但大多不知如何申請,幾乎放棄補助。由美女士免費教導他們申請方法。後來,這些學生共同出資 300 萬元,幫助她改建英語教室,以表感謝。由此可見,即使沒有錢的人也有籌措資金的途徑。

24 籌措資金的 16 種「入門」方法

那麼,實際上到底該怎麼籌措資金呢?我舉幾個非常簡單的例子。這一節總共有 16 個項目,內容可能多少有些重複的部分。這當中又分為兩個部分,一個是普通上班族和自營業者能用的「入門方法」,另一個是已經小有成就的人用的「高級方法」。

希望這些方法可以幫到各位。

① 眾籌

認識的 G 先生就是靠眾籌籌到了一千多萬日元。

他在某商店街經營小型餐飲店。受新冠疫情影響,周圍商家紛紛倒閉,唯獨他家生意興隆。

房東告訴他,既然隔壁商家都空了,問他要不要一併租下來擴展生意,並願意給予優惠。剛好他生意不錯,原店

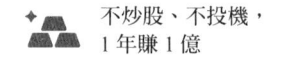

面確實不敷使用。於是,他制定了店鋪改建計畫,打算將兩間打通。

申請補助金時遇到了問題。補助金可支付 2/3 的改裝費用,但申請者必須先自行支付全額。申請補助的人本來就是缺少資金,政府卻要求他們要先自掏腰包。G 先生這才明白,為何日本政府的補助金總是被資本雄厚的大企業領走。

雖然事後可拿回 1,400 萬元補助,但 G 先生當時僅有約 1,000 萬元資金。改裝費用為 2,100 萬元,他還差 1,100 萬元,否則無法獲得補助金。

於是,G 先生通過眾籌募集不足款項。他承諾未來支付利息和折價券。當地投資人知道他有申請補助,不擔心收不回錢,便借了一千多萬元給他。現在他的客人越來越多,這間店面又快不敷使用了。

② 賣掉用不到的東西

一些物品雖有價值,但持有者未能充分利用。變賣這些閒置物品也是籌措資金的方法之一。

我來介紹一位四十多歲的 T 女士。

T 女士的娘家開公司,經歷波折後,丈夫竟奪走了她娘家的公司。丈夫通過法律程序將她趕出家門,T 女士一無所

有，但她並未放棄。

她賣掉了原本要留給女兒的珠寶和名牌商品，共籌得 1,000 萬元。反正女兒也未必喜歡那些珠寶和名牌，留著也沒意義，為女兒盡早建立龐大資產才是正道。

她用那 1,000 萬元順利增加了資產。第 74 頁也提到，雅美賣掉東京核心區的住宅，籌得 1 億 5 千萬元。雅美女士現在用那筆錢投資，每月有 150 萬元收入。

變賣有價值的物品也是值得考慮的方法。

③販賣經驗或資訊

不要太計較財富，先付出才是關鍵。

在網路上提供有用資訊，可吸引大量瀏覽。如之前第 99 頁提到的 M 先生，他光在網上教授理財，就籌到了 3,000 萬元的資金。

只要有人氣，自然不愁沒有財源，比如我們常用的谷歌搜尋引擎就是一例。人氣和資訊匯集處，就有廣告收入可賺。因此，不要只是被動上網或看電視，你應該努力成為資訊發布者。

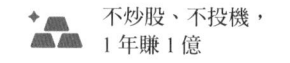

④ 向親朋好友借錢

向親朋好友借錢是最快的方法,但最好也要立借據並計算利息。否則可能被視為贈與,還可能被徵收贈與稅。請堅持借貸形式,避免變成贈與。

⑤ 早點繼承財產

「110 萬元贈與額度」是日本常見的節稅手段。＊換言之,只要不超過這個額度,就不會被徵收贈與稅。因此,一些父母每年會給子女這個額度的金錢。

坦白說,真正的有錢人不會用這種低效率的方法。假設有人要將上億資產平均分配給幾個子女,用這種方法至少需要十幾年才能完成。事實上,許多人用這種方式贈與,結果到死都未能完成。而且,若被政府發現文件不齊全,可能還是會被課稅。

每年固定時間匯入固定金額,卻未提交贈與相關文件,

＊ 編按:台灣贈與稅免稅額為 224 萬元。

會被視為計畫性逃稅。

長輩不盡快將錢交給子孫，自己繼續持有操作，資產雖會繼續增加，但也來不及給出。所以，我建議親屬間要盡快完成財產繼承。

有錢人大多會成立有限責任的資產管理公司，讓父母、子女都擔任董事，再以公司角度管理不動產等各類資產，不僅可以合法節稅，還能讓子女盡早繼承資產進行其他投資。趁他們年輕有衝勁，早點學習增加資產的方法，可說是有利無害。

⑥ 勞動

勞動賺錢也是籌措資金的手段之一，但利用時間來賺錢，通常效果有限，效率很低。因此，你應該成為企業主，讓他人為你賺錢，利用勞工的勞動成果為自己累積財富。

⑦ 錢滾錢

將錢投資於可靠的項目，採用保本方式投資，也是籌措資金的方法之一。

去商學院學習行銷手法，這種自我投資也是「用錢滾

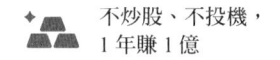

錢」。有時向成功人士學習，可發揮數千倍的槓桿效應，是良好的自我投資。不過，向成功人士學習也有「賠本風險」，主要還是看人。

⑧ 善用時間

如果你已有龐大資金，善用時間就能籌措資金。

假設你有 5,000 萬元資金，以年利率 5% 操作 30 年，可賺到二億一千多萬元。這已超越籌措資金的級別，躍升為億萬富翁，也達到財務自由了。

但資金不夠多時，花再多時間也無效。若你的資金只有 50 萬元，用同樣條件操作 30 年，最多也只有 216 萬元。

再次強調，不要用小錢慢慢操作，請先全力籌措龐大資金。那些富可敵國的資產家在成功前，都是用這種方法起家的。

⑨ 善用人脈

人脈豐富的朋友，有更多機會籌措到資金。找到金主並非易事，因此廣交富人是最理想的。有句話說得好，多認識朋友的朋友，這樣一路認識下去就有機會遇到貴人。

請珍惜你的人脈（不良人脈要盡快斷絕）。

⑩ 放下不好的債務和固定開銷

如果你現在每月現金流為負，或有大量信用卡債務、汽車貸款等，請在損失擴大前申請破產。

正直的人會努力賺錢還債，但這樣做，情況只會越來越糟，類似例子我見過很多。當然，信用比什麼都重要，欠債一定要還。但你沒必要全部自己承擔，只要還活著，就有機會東山再起。

申請破產的人會被金融機構列入黑名單，約 5 ～ 7 年內無法貸款。話說回來，經濟狀況如此糟糕的人，本來就借不到錢。但我在第 23 頁也提過類似的案例，即使陷入絕境仍有機會絕地反攻。

25 籌措資金的 16 種「進階」方法

⑪ 天使投資

　　天使投資是指投資剛創業不久的新創公司。投資人可獲得分紅或股利作為回報。一旦投資的公司成長，報酬也越豐厚。跟創投公司之間最大的差別，就在於投資時間點。

　　但我希望各位要成為「被投資方」，而不是「投資方」。

　　訣竅是找到一項不需太多自有資本的事業，最好 100 萬元就能開始。原因是，如果自有資本太多，人家會疑惑，既然你已經有資本，為何還需其他資金？

　　此外，一個想創業的人連 100 萬元資金都沒有，絕非好事。至少要先準備 100 萬元吧！

　　理想的籌資方法是，多找幾個人，請他們各出資 500 萬到 1,000 萬元以上。

　　不過，我在第 47 頁也有提到，投資專家基本上只會投

資比自己優秀的人。想當然,他們的評判標準很嚴格。

我曾經問過師父奧利華,他是如何判斷一個人值不值得投資?

「我會仔細分析那人的品格。首先看他是否誠實,會不會說謊騙人。其次,看他有沒有堅持到底的毅力,言語是否自相矛盾。然後看他的投資方案是否合理,以及他的創業動機。

投資一個不優秀的人,純屬浪費,資金到時會有去無回。因此,投資不能感情用事。

當然,只要他有一項優點,那就值得投資。也許他提出的事業方案不怎麼樣,但可以用其他的方法回收資金,我也會評估那種可行性。有些人本來的工作收入很高,能夠用勞動的方式償還欠款,也沒有不行。」

投資專家的眼光很嚴格,符合他們的審核標準,代表你很有希望成功。有自信的人不妨一試。

⑫ 創造虛擬貨幣

創造虛擬貨幣主要有兩種方法:一是委託工程師設計新的區塊鏈,二是利用現有的虛擬貨幣。投資專家與澤翼(Yozawa Tsubasa)用的是前者,後者則普通人也能做到,

即利用開源的區塊鏈（如以太幣和比特幣）創造自己的虛擬貨幣。

基本上要販售虛擬貨幣，必須成為加密資產業者，並確認各種法規。

⑬ 申請火災保險

申購火災保險，就算是遇到火災以外的事故，也可獲得理賠。有些人就是靠這方法，獲得 1,000 萬以上的資金。

火災保險雖然取名「火災」二字，但也理賠其他的自然災害。刻意取這種名字誤導大眾，我認為是有問題的。再者，保險公司不會干涉你如何使用理賠金。過去發生的災害也可申請理賠。

如果你住獨棟房，且有購買火災保險，不妨確認一下。

若自己不會申請，可花錢請業者協助。**請業者幫你調查，只要符合資格，他們就會幫你辦妥。**

我認識一位企業主，他的住所和廠房曾遭受天災，他自己出資修復。後來得知可事後申請理賠，共獲得 1,110 萬元理賠金。

⑭ 在社群網站上教學

年輕人可以利用社群網站舉辦各種講座，這也是方便籌資的方法。

舉辦講座純屬勞動。但如果你的影片是線上課程，每月就有被動收入。特別是會員制講座，通常每月會有固定收費，因此你需要一定數量的支持者。會員人數過多，又沒有自動應對系統，就需要雇用員工處理。

反之，你也可以把會費定得較高，只做少數人的生意。至於如何招攬會員？先在各大社群網站上播放試看片段吸引人氣，或分享各種資訊，引導使用者加入你的頻道或官網。這樣做可以招收到更多的會員，確保會員數量。

對加入你頻道或官網的會員，提供「漸進式訊息」，給他們更多資訊。

使用電子報也是一種方法，例如，你可以設定「7日學習講座」，用這功能自動發送影片或資訊。

假設你真正想販售的是「一年收費 30 萬元的課程」，沒有客戶一開始就願意支付 30 萬元。因此，你要提供試看影片，讓客戶知道你的課程物超所值。試看影片可免費或低價提供，這樣才能招攬大批客戶。

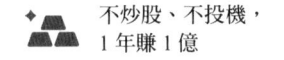

先說成功的第一項祕訣。

要在公開社群網站上獲得高點閱率,你得發表刺激有趣的內容。此外,與網友互動要多說好話,主動取悅對方。**如果你的目的是賺錢,那麼點閱率和追蹤人數未必有意義。**因為網路人氣可能只吸引大量不願付費的網友。相反,有些人的社群網站看似沒人氣,卻吸引了一批忠實客戶,業績反而不錯。

再說成功的第二項祕訣。

如果對方訂閱你的官方頻道,**你必須免費提供一些「很有價值的訊息」,且這些訊息必須讓對方滿意。**免費提供的訊息也要有一定品質,如前所述,販售資訊的事業一定要先付出。容我苦口婆心勸幾句,無論你要開什麼課程,一開始時不要急於賺錢。這與談戀愛相似,你想親近喜歡的人,直接邀請對方開房間只會招致反感。你要循序漸進打開對方的心扉,做生意也是如此。

俗話說「吃快撞破碗」、欲速則不達,**越急著賺錢反而越賺不到。**先付出,慢慢就會有收穫了。

⑮ 申請公家機關的融資

成立公司,可接受個人和公司的融資。

如果沒成立公司,融資上限取決於你的年薪。公司幾乎沒有上限,借到 40 億日元也有可能。

⑯ 善用給付金、補助金、補貼

誠如前述,**個人和公司都能領取新冠疫情的給付金和補助金**。很多人符合申請補貼資格,卻不知如何申請。可以去當地公家機關或工商協會,他們都願意指導你。

企業主可申請融資補助,作為出差費用、廣告宣傳費用、講座費用、設備費用。中小企業的持續補貼,最高補貼率是 75%,額度是 200 萬日元,用途審核較寬鬆,用於出差或參加講座都可以。

上班族受傷或生病不能工作,也有**傷病補助**可用。許多人不知道,即使因病失業,也必須按標準程序申請,否則同樣無法領取補助金。

這種補助與勞災不同,無論是工作引起的疾病,還是其他因素造成的疾病,最多可領取薪資的三分之二(準確說是某段期間內的標準報酬平均額),最長可領一年半。我曾

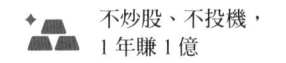

患心理疾病,也領了一年半的補助。

近期不僅有新冠疫情,烏克蘭戰爭和日元貶值等事件接連發生,經濟惡化似乎也導致不少人患上心理疾病。只要有醫生診斷,就能向健保單位或共濟團體申請傷病補助。

萬一不幸失業,辦理「失業保險」延長給付手續,就能領到傷病補助和失業保險金。失業保險金的給付金額,約為原薪資的 50% 到 80%,也算不錯的急難救濟金。

至於其他保險根據我的經驗,民間保險買最基本的非儲蓄型保險就夠了。

無論是火災保險還是新冠疫情保險,即使符合領取給付金的條件,也得主動申請才能領到。日本有些非儲蓄型保險,每月要繳幾千元保費,一旦感染新冠可領到約 50 萬元給付。

保險公司也需盈利,我不期望他們當散財童子。但他們刻意把理賠條件弄得很複雜,或隱瞞某些事實,也難怪世人不喜歡保險公司。

現在這些資訊大家都知道了,保險公司也常會停止販售某些保險產品。

順便一提,各位的手機或其他家電產品故障,是自己付錢維修還是買新的?有些信用卡附帶的保險也會提供相關

給付，不妨確認一下。如有給付，請盡量利用，盡可能為自己多爭取一些金錢。

最後這段話是寫給六十多歲的讀者，如果你的家人已六十多歲，也請仔細聽。

年金要趕快領出來。我知道大多數人不喜歡聽這種話，但最大的理由是，人生無常。另一個理由是，**早點領取才能早點運用，可以有效增加資產。**

「把所有常識和先入為主的觀念顛倒過來就對了。」
這是我很尊敬的一位基金經理人說過的格言。

26 就算只是上班族，也必須成立公司

要成為有錢人有幾個方法，但這些方法都有一個共通的關鍵，就是你必須成立公司。

真的想成為「億萬富翁」，請務必成立公司，哪怕你沒有家業也沒關係。上班族也該成立公司，因為成立公司有更好的節稅效果，而且能養成你的財經觀念。但其中最大的好處還是，你可以獲得融資。我就來簡單說明一下吧。

養成財經觀念

有一天，我收到會計師寄來的「公司財務報表」。

「這些錢到底是誰亂花的？」

老實說看完報表，我才了解，原來建構資產最大的敵人就是我自己。我成立的公司是一人公司，除了我以外沒別人了，犯人當然就是我。

我不記得自己有亂花錢,但公司的營運費用、水電費用等固定管銷都是莫大的開銷。所以,一旦設立公司你以後就會對資金的運作變得很敏感。

節稅效果

你也可以請家人成立公司,來節省遺產稅。替父母和遺產繼承人安排一個董事職位,這樣父母身故後,繼承人照樣能自由使用遺產,因為遺產等同於公司的財產。公司還有很多方法,能夠節稅。

融資效果

因為是公司,申請融資的速度也比一般人容易。有錢人大多會成立資產管理公司。有心成為有錢人的讀者,也需要成立這種公司。順帶一提,我建議各位成立有限責任公司來做資產管理,成立這種公司也有節稅的效果。

「我又沒資產,成立公司幹麼?」

「我是上班族,成立公司太困難了。」

有些人還沒努力就打退堂鼓了,其實任何人都能成立公司,你們只是不知道訣竅罷了。下一節我會教各位方法。

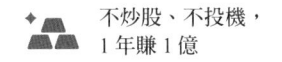

有限責任公司的優缺點

接下來,我會拿股份有限公司來做比較,釐清有限責任公司的優缺點。首先來看優點:

■ **手續費更便宜**

成立股份有限公司,光是稅金等開銷就要 20 萬日元。自行登錄有限責任公司,不假專家之手的話,大約 6 萬日元就可以完成了。這是製作電子章程的情況,如果你拜託專家申請的話,還要另外支付手續費。尤其用書面章程,還要付一筆文件費用。

有限責任公司不必公布財報,每年也能省下一筆會計費用。股份有限公司每年都有公布財報的義務,刊在官報上要 7 萬日元,用其他方法動輒數十萬日元起跳。

■ **有限責任公司的董事不必更迭**

股份有限公司的董監事必須更迭,就算提出延期的手續,最少 10 年也要換一次。有限責任公司沒有這種限制。

■ **可自由分配利潤**

股份有限公司分潤要召開股東大會來決議,而且必須按

照出資比例分配才行。有限責任公司可以自由分配。

■ **責任有限**

有限責任公司的出資者，只需負擔出資額度的責任就好。這是什麼意思呢？簡單說，萬一公司倒閉了，債權人也無法要求你負起出資額度以外的責任。

順帶一提，有限責任公司和股份有限公司都有節稅效果。另外，有限責任公司未來也能轉成股份有限公司。先從有限責任公司下手也行，但變更時需要多花一筆費用。

那接下來，我告訴大家有限責任公司的缺點：

■ **難以得到信賴**

有限責任公司可能難以得到客戶信賴，要找員工也不太容易。

■ **出資者之間可能會互相爭權**

股份有限公司的經營權在經營者身上，相對地，有限責任公司的出資者都有平等的經營權。因此，意見相左時可能就會引發鬥爭。

為了避免類似的狀況發生，多人成立有限責任公司一定

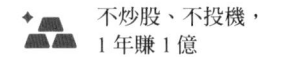

要推舉「代表」才行。

■ **不利融資**

有限責任公司能借到的款項，比股份有限公司少很多。

27 成立公司，比想像中更簡單

成立「公司」其實比各位想像得更簡單。要白手起家成立公司，可以自行前往主管機關登記。討厭辦理繁複手續的讀者，全部交給代辦業者就行了。章程的業務內容非常重要，請仔細思考再做決定。每次變更章程都要花錢，請考慮到未來的融資需求，事先決定好章程的內容。

我是上網請業者幫忙辦理的。兩個禮拜以後，我就有「自己的公司」了。我是辦理股份有限公司，費用二十多萬日元。辦理有限責任公司的話，費用更便宜。

原來成立公司這麼簡單，老實說我挺感動的。也有人住在海外，請業者幫忙在日本成立公司。

要成立公司，你還需要準備公司印。我是上「印章森林」網站，花個三四千日元訂做各式公司印。也不用全部做齊，如果你的公司印和銀行印要用同一顆，那你做一顆就

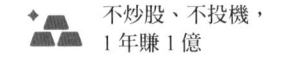

好。基本上不需要其他多的印章。

另外，不同的銀行審查標準也不一樣。審查的嚴厲程度如下，最鬆散的是網路銀行，再來是郵政銀行，其次是地方銀行和信用金庫，大型銀行是審查最嚴格的。

我建議各位辦理樂天銀行或 PayPay 銀行，這兩家有簡便的線上匯款功能，匯款的上限也特別高。地方銀行和信用金庫的帳戶，似乎也比較好申請。

比較麻煩的是申請公司帳戶。因為銀行和政府機構為了避免有心人士犯罪，因此控管較為嚴密。

上班族成立公司的辦法

很多上班族都有成立公司的需求。如果你的上司不准你做副業，不要拿你自己公司的薪水就得了。用公司的名義賺錢，不要用個人名義賺錢就好。擔心勞動法令的讀者，不妨跟職場上值得信賴的人商量一下。

就算上司沒有禁止你們從事副業，還是很多人害怕被上司知道這件事。的確，自己成立公司，還從那一家公司領薪水，當然要繳納更多的稅金。公司的會計人員肯定也會發現你有從事副業。

不過，大多數情況下還是不必擔心。現在不少人都把

網拍當作副業，跟上司說你只是上網賣掉用不到的東西，上司也不會為難你才對。

然而，公務員如果想從事副業，就得特別留意了。

除非是不拿錢的義工，否則要拿到許可非常困難。我認識不少公務員的父母是大地主，還有從事房地產租賃業務，這些公務員自然繼承了父母的家業。生意規模不大的話，應該沒問題，但有時候還是要徵求許可才行，請特別留意。公務員基本上也不能成為法人的代表或董事。不過，你可以讓家人來當，自己改當股東就好。

若是已經結婚的女性讀者，而且想成立公司的話，必須放棄丈夫的扶養親屬資格。有些人擔心失去這種資格，但其實只要公司不給付薪水給代表人（已婚的女性讀者），就不必放棄丈夫的扶養親屬資格了。

想白手起家的人要盡快行動！

成立公司有決算成本和公司住民稅，但利益非常大。在商業界裡，很少有人能一舉賺到 5,000 萬元。但在投資的世界裡，光是成立公司就能把 5,000 萬元化為 1 億元。

有些讀者可能會想，成立公司的難度太高了，對吧？

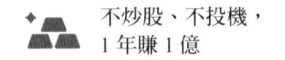

現在是自由業的黃金時代，個人成立公司的難度已經很低了，你再也找不到比現在更容易成立公司的時代了。我看過很多學生，學到方法後直接行動！這種人真是強大！能迅速成功的人的最大特色，就是會乖乖實踐所學。

28 公司成功申請融資的兩大關鍵

「**事業內容和章程**」**是申請融資的關鍵**。事業內容最好是你自己擅長的行業，萬一你在這一行還沒有口碑，被銀行追問的時候，至少不會回答得吞吞吐吐的。

在申請銀行帳戶之前，先設計一個網站讓人知道你的業務內容，或者保留與客戶交易的收據也可以。有些銀行會要求公司入口必須設置招牌，為了應付銀行的要求，我曾在公司的門牌上貼上公司的徽章。

另外，為了未來發展考量，也為了融資需求，請將公司帳戶和個人帳戶分開。

銀行面談會問些什麼？

對於未申請過公司帳戶的讀者，我分享一下自己申請銀行融資的面談經驗。我成立的公司是販賣首飾和珠寶的，請

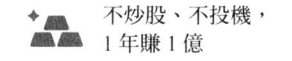

> 你們參考我的經驗,好好演練一下。
> - 您還有其他工作嗎?
> - 您為什麼想做生意?
> - 您的進貨來源是什麼?
> - 只有您可以進貨嗎?
> - 您是如何找到進貨來源的?
> - 您每月的營收和淨利是多少?
> - 進貨成本是多少?
> - 您是打算用網路拍賣還是實體店鋪?
> - 為什麼要成立公司?
> - 請說明您需要融資的理由。
> - 您如何處理會計問題?

建議做單純的「二手商」

跟銀行面談的時候,告訴他們你的生意要用到不少錢,反而容易通過審核。

例如,顧問公司雖然淨利不錯,但幾乎不需要成本,所以申請融資有一定難度。只申請營運資金也可以,用途也不會受限制,只是融資額度不多而已。

美容業可以申請融資添購設備，但借來的錢就只能用於添購設備。而且事先要評估設備的添購價格。如果你是向日本政策金融公庫申請，他們倒是不太在意你要將資金用於何處。

據說，當「中間商」比較容易申請到融資。例如網路拍賣、批發這類生意，解說起來特別容易，融資也比較方便。

「鞋子現在進貨價一雙 3,000 元，最多可以賣到 1 萬元，一次能賣 10 雙以上。意思是進貨成本 3 萬元，營收 10 萬元。同款的鞋子我要進 100 雙，可否借我 300 萬元？」

用這種方式說明就很簡單明瞭。

做類似汽車買賣這種高單價的生意，也比較容易申請融資。你必須先準備銷售網頁、進貨估價單、付款證明等資料。關鍵是，你要讓銀行一眼就能了解你的業務內容。

不過，如果你登錄的地址是租來的，就必須先經過房東的允許。請事先與你的房東確認一下。

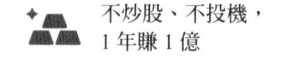

什麼生意絕對不能做

順帶一提,如果你做的是「轉賣」套利的生意,就很難申請到融資。賣二手商品和轉賣雖然只是字面上的差異,但公司章程上只要出現「轉賣」這兩個字,銀行就會聯想到販售黃牛票這類非法生意,印象會非常不好。

另外,**「傳銷」和「投資」相關的生意,也很難申請到融資**。因此,下列四種生意最好避開:

- 傳銷
- 教導人建構資產的工作
- 經營不動產租賃業務(已經有一定基礎的話,或許有機會通過審核)
- 投資外匯、虛擬貨幣、股票等

假使你確實從事這些事業,只要你在章程上寫出來,不但申請不到融資,就連公司帳戶都開不了。銀行的理由是要防止洗錢和詐騙,因此這些事業最好不要用公司名義經營,使用個人身分來做比較妥當。

你自己的資本最少要有 100 萬元,融資的額度通常是資本額 2～3 倍,最多可以申請到 1,000 萬元的創業融資。

反之，一開始資本太多的話，反而很難申請到創業融資。比如你一開始就有 1,000 萬元，銀行會質疑你既然已有 1,000 萬元，為何還需要申請融資？

　　有些銀行反而是在你尚未成立公司時，才願意借你錢創業又或者規定只有剛成立不久的公司能申貸。建議事先詢問附近的銀行或金融機構，了解具體情況。

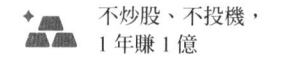

29 找優秀的會計師，成為你的好夥伴

股份有限公司需要公布年度決算，這種事情不找會計師很難處理。因此，最佳方法就是盡快找到一位合適且優秀的會計師。

優秀的會計師通常都很忙碌，特別是1月到4月是各大公司決算的時期，千萬不要到這個時候才尋找會計師，否則優秀的會計師早已被預約一空。個人推測，在旺季還有空檔的會計師，要麼是能力有問題，要麼就是品德不佳。

如果你的公司剛成立，去大型會計師事務所洽談，他們可能不會太重視你。大型會計師事務所多半專注於大企業的業務，因為大企業營收高，支付的顧問費用也特別可觀。

最理想的方法是，在非旺季時，請其他老闆介紹優秀的會計師給你。我也是透過朋友介紹才找到現在的會計師。那位會計師能力卓越，做事又積極，確實幫了我不少忙。

只是請會計師做一份決算報告，便宜的就要10萬日元，

若是請他們擔任顧問,一年費用約 30 萬日元。有些讀者可能覺得 30 萬日元太貴了,但這筆費用絕對值得投資。

雖然花費不低,但你可以申請到更多的給付和融資,會計師還會教你節稅的方法,好處確實非常多。

再忙也要把手續辦好

成立公司以後,你必須盡快向法務局、稅務署申報才行。我舉幾個例子,詳細規定還請各位去請教有關單位。只要你去問,他們都會告訴你要備妥哪些文件。

法務局

- 印鑑卡交付申請書(要準備個人印章、個人印鑑卡、公司印章)
- 印鑑證明文件和企業謄本(申請銀行融資會用到)

稅務署(國稅局的各地分部和各縣市的稅務所)

- 成立公司呈報書
- 報稅申告書
- 薪資支付暨事務所開設的呈報書(如果有發薪就需要)

> ・變更源泉徵收稅繳納期間的申請書
> ・消費稅課稅業者納稅方式選擇書

尤其第四項「變更源泉徵收稅繳納期間的申請書」一定要記得交。

就算你沒發薪給自己或員工，一旦公司有賺錢，就等於你這個老闆有得利。沒交這一份文件，你每個月都必須繳稅。有交的話，半年繳一次就夠了。

越早行動，未來的利益越龐大

基本上，當你的資本額或生意的營業額超過 1,000 萬元時，就屬於「消費稅課稅業者」，有繳納消費稅的義務。

有些人可能會想，那麼資本額和營業額不要超過 1,000 萬元，不就好了？不用繳稅一定比較賺。然而，有些生意進貨的消費稅反而大於營收的消費稅，像這種情況主動申請成為消費稅課稅業者反而更有利。

例如，你的生意虧損，或者新開業需要投資設備，包含從事出口生意的也同樣適用。這些生意有機會取回消費稅，如果你是免稅事業主，反而可能損失更大。

你需要主動向稅務署提出申請。如果是新成立的事業，

應在第一次決算前就完成申請。從第 2 年度開始，申報的期限會有變動，請向會計師確認具體情況。另外，一旦成為消費稅課稅業者，至少 2 年內不能變更回免稅業者。

最後再提醒，日本從 2023 年 10 月起將推動新的發票制度，這與消費稅密切相關，請務必仔細確認相關規定。

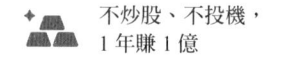

30 公司的開銷幾乎都能當作成本

假設你順利成立公司了,接下來學習一些會計知識吧!這些都是我個人的經驗,我會舉幾個實用的例子,以及必須注意的要點。

大多數開銷都是必要成本

如果你成立公司了,那麼你的每一筆開銷可能都可以列為成本。

在某些情況下,就連美容的開銷也可以列入成本。例如,我加入了藝人事務所,雖然我並沒有從事藝能活動,只是單純掛名繳會費而已(當然,不少事務所甚至不需要繳會費)。因此,我購買的衣服和美容開銷,也可以計入成本。對我來說,繳會費並不算浪費。

旅行、伙食費、水電費,甚至寵物的開銷,在某些情

況下也能列入。如果你是成立健身沙龍，連購買保健產品都能申請作為抵扣。在自家舉辦派對招待客戶，這也是可以申請的開銷，記得留下會議紀錄即可。

有些人明明有在做生意，也有支付房租和設備開銷，卻不願意成立公司。這種不夠果斷的人會吃大虧，一般來說，成立公司和創業的費用，只有創業初期才被允許列為支出。假如你都是以個人名義支付，不成立公司，就無法申報這些經費了。

失業保險

剛成立公司的時候，一旦你成為公司的高階主管（例如董事之類的），原則上就無法領取失業保險金了。

因此，如果你打算辭掉工作，而你的失業保險金額很大，請考慮讓你的父母或配偶來當公司的代表。我以前不知道這件事，公司一成立就自己當代表，結果失去了整整一年的領取資格。很多上班族還想當包租公，也經常犯下這樣的失誤，請務必留意。

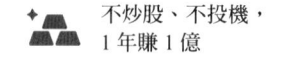

會計軟體

日本有一套雲端軟體叫「freee」，這是一套很方便的會計軟體。

消費時應盡量使用信用卡或電子貨幣，避免使用現金。

企業使用軟體雖然要支付使用費，但可以省下人事費和人工輸入的手續，正確性也比較高。**用現金不會留下記錄，你可能會忘記自己的支出用途，到時候會計帳目對不上就麻煩了。**

使用會計軟體，會計師處理起來也比較方便，通常費用也更便宜。

辦公室型態

虛擬辦公室每個月的費用才 500 日元，乍看之下是很划算的選擇。不過，如果你的公司地址登記在虛擬辦公室，就無法成立公司帳戶了。尤其是銀行來視察的時候，看到你的公司沒有實際的辦公地點，審查就不可能通過。臨時的出租辦公室也不妥當，你只租一個空殼，既沒有看板也沒有實際營業，那就要格外小心了。

減少固定開銷是建構資產的基本技巧，如果你現在住

的地方可以 SOHO（Small Office 和 Home Office 的簡稱，泛指小型辦公室，或者在家裡工作的型態），那就多加利用吧。如果家人願意幫忙，就把老家設定為總公司，你自己住的地方當成分公司也是一個辦法。

外包費用

會計期末發現自己公司太賺錢的話，不妨找動畫編輯公司或顧問公司，支付一些外包的費用，反而會有合法的節稅效果。

31 開設「海外帳戶」，以備不時之需

二戰過後，日本政府曾經限制人民的提款額度。當時正值紙幣更換時期，日元不斷貶值，造成了惡性通貨膨脹現象。這與現在的日本情況有些相似，不是嗎？現在想在日本開設公司帳戶並不容易，要開海外帳戶就更加困難。因此，及早開設海外帳戶的人才能占得先機。

簡而言之，**想成為富人，擁有海外帳戶是必要的**。也許你不會立即用到，但在成為「億萬富翁」的過程中，或是你已經成為億萬富翁，想更上一層樓時，「海外帳戶」必定能派上用場。

在香港或新加坡開設帳戶，花 30 年慢慢存到 1 億元，這種方法雖然可行，但還有更高效的方法，**最快 10 年內就能賺到 1 億元**。從各個角度來看，海外帳戶的安全性都較高，將大筆資產轉移到海外，以保本方式投資就是一個例子。

相信各位都知道，富人會選擇移居海外生活吧？他們

的資產也都轉移到海外了。當然，他們也繳納外國稅金，一切都合法進行。

現在日元持續貶值，只持有日元風險極高。你可以將部分資產兌換成美元，這也是一種避險方法。

我為大家介紹一個很好的方法：首先，**去使用美元的國家購置不動產，然後在該地區開設帳戶**。將出租不動產的收入以美元存入帳戶中。在開設帳戶時，你可以順便申辦簽帳金融卡。這樣使用起來，就如同在日本使用信用卡一樣方便了。

當然，你需要按照當地法律繳納稅金，一切都得是合法的。這是能直覺地將日元轉換成美元的方法。

第 4 章

晉升億萬富翁的實體投資法

32 不容易賠本、風險小的「實體投資」

第4章我會盡量多介紹一些「實體投資」的內容。請各位看本書的封面，文案是「跟著億萬富翁學實體投資法」。事實上真的是這樣，**「實體投資」絕對比你見識過的任何投資，都要來得有潛力。**

我認識世界各地的超級富翁，也向他們請教過成為有錢人的方法。後來我發現，越有錢的人越常進行「實體投資」。換句話說，從那些海外富翁的角度來看，「實體投資」才是最值得效法的投資方式。

我先簡單說明一下概要。

所謂的「實體投資」，就是有一個實際存在的「投資標的」，你直接買賣那個標的來進行投資。低買高賣可獲得一次性的「資本利得」，也有定期獲利的「被動收入」。種類相當繁多，沒有固定的操作方式。唯一的準則是要有實際的「投資標的」。因為沒有固定的作法，全憑個人創意，所

第 4 章
32. 不容易賠本、風險小的「實體投資」

以要馬上開始進行「實體投資」是可能的。

為什麼實體投資比較好呢，說穿了就是不容易賠本。 這是實體投資和股票、外匯、虛擬貨幣最大的不同。股票和外匯這些投資標的，會受到景氣或不可預測的因素影響，很容易導致投資者血本無歸、傾家蕩產。

「實體投資」的風險較小，其中最具代表性的當然就是「不動產投資」。投資不動產，租金收入穩定可靠，幾乎不可能一夕蒸發。且因有實際標的物，基本上不易貶值。

「實體投資」主要是有錢人在做的，大部分的人都不曉得門道。我看過書店賣的一些投資書籍，很少會提到「實體投資」的本質。這代表「實體投資」的技術，是那些億萬富翁不輕易外傳的祕密。原因不外乎避免增加競爭對手，以及保持低調，避免彰顯自己的富豪身分。

那麼，為何我要在書本中公開一部分的祕密呢？

我一直很想當有錢人，也付出了很多努力，嘗遍辛酸苦惱。我從小對財富就有一種自卑情結，也曾做過很多不值得稱讚的荒唐行徑。現在是好不容易掌握了真正有效的投資方法，我希望可以多拯救一些同樣為錢所苦的人。我們都在無形中養成了「勞動者的思維」，我想讓大家從這種思維中解放出來。

當然，我不可能公開自己和其他富翁的所有投資策略。

但我在這一章裡，會盡可能地分享相關知識。乍看之下，這些投資手法似乎難度都很高。事實上，正如第三章所述，只要成立公司，可動用的資金便會呈數量級的增長。大多數讀者或為普通上班族或自由業者，靠投資成為有錢人並非遙不可及的夢想。我和學員們在成為「億萬富翁」之前，也都是非常普通的平常人。衷心希望本書的建議能為大家帶來啟發，幫助各位開創更美好的未來。

保本比獲利更重要

不會賠錢的投資才稱得上好的投資。這樣的投資通常獲利不會太豐厚，年利率頂多 15% 左右。正確來說，這樣高的獲利反而是少數，**通常一年只有 8% 到 9% 不等**。

如果有人跟你說，有一個投資標的年利率 30%，千萬不要相信。這種超乎常理的獲利絕對是詐騙，詳情我會在第五章介紹。

大部分的「實體投資」都需要一筆龐大的資金。假設你手頭只有 10 萬元本金，以年利率 8% 的績效操作，一年也才賺 8,000 元而已。相對地，**你手頭有 1 億元本金，一年就有 800 萬元了**。相信各位也看明白了，也許這種投資方式你沒辦法馬上做到，但想在短時間內當上億萬富翁，你總得

先了解這個道理才行。

另外,「實體投資」多半需要仲介來替投資人和業主牽線。合作一旦談成,仲介會賺取手續費用。手續費通常是投資額度的 1%。所以,如果你本金只有 10 萬元,仲介告訴你好的投資標的,他能賺到的手續費也只有 1,000 元而已。反之,如果你有 100 億元,他介紹你好的投資機會,他自己就能賺到 1 億元的手續費。

運用金錢投資少不了這些程序,因此好的投資情報都是有錢人最先知道,這個道理,現在的各位應該都懂了。

「實體投資」對任何人都有好處

我先說重點。有些人讀到這裡,還沒努力就打退堂鼓了,他們認為要籌到大筆資金太困難了。這種人都有一個特徵:**他們只想靠著小額投資,放大槓桿效益,所以只會去做外匯或虛擬貨幣那一類賭博性的投資。**可是,投機性的投資是零和遊戲,贏家奪走輸家的一切,普通人幾乎沒機會賺到錢。這純粹是一種沒意義的賭博行為。

有錢人做的投資跟零和遊戲不一樣,他們提供這個社會有價值的事物,自己也能因此變得更加富裕,屬於一種雙贏的投資策略。

比方說，在海外發展農業的企業家需要資金。這時候投資人出錢，當地的事業得以順利推動，創造就業的機會。農業發展成功，又能提供當地居民必要的食物。投資人、獲得投資的企業家，以及當地的居民和消費者，大家都能獲得好處。

至於零和遊戲，純粹是一群人互相爭奪有限的金錢，只有贏家和輸家。這兩種投資方式完全是天壤之別。

33. 進場前，先想好出場的方法

低買高賣，就是「實體投資」最大的祕訣。關鍵在於，**你買入投資標的後，要先決定好下一手要售出的對象，也就是「脫手」的方法**。否則你的投資也會變成賭博，這樣選擇「實體投資」就失去了意義。

以前面提到的農業為例，這類事業從一開始就有既定的脫手管道。換言之，你必須事先做好安排，**在你的事業成長起來後，能立即找到接手的對象**。而且，你的投資每月都能帶來營收和獲利，相當於一入行就有了資本利得和被動收入。即使投資金額龐大，也無須過分擔憂。相關內容請參考第179頁。

收購都市裡的大型回收物，再賣往開發中國家，這也是一種事先就有脫手方法的事業，而且比前者更加簡單明瞭。你需要事先決定要收購多少大型回收物，以及以何種價格賣給開發中國家。換句話說，在投資之前，你就已經確定

好脫手的方法。

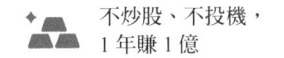

不過,要進行這麼大規模的投資,你需要擁有一定程度的資金。因此,盡可能多找一些投資人集資是明智之舉。我的師父奧利華也有涉足這類投資,詳情請參考第 181 頁。

再舉一個例子。**購買一整棟中古的不動產,同樣有既定的脫手方法**。比如,你可以選擇那些一開始就有相當數量房客的不動產,或是容易吸引房客的物件。

目前在日本,有一種公寓專門租給領取社會救助的低收入戶。這類公寓在某些地區的租金最高不超過 38,000 日元,無需擔心房客搬離或找不到租客。由於政府每月會發放救濟金給這些租戶,你也不用擔心收不到租金,經營起來相當穩定,第 170 頁開始就有更詳細的解說。

「轉賣價值」是投資的關鍵

相較之下,某些「實體投資」不僅入手價格高昂,還缺乏明確的脫手管道。

「我花 4,000 萬元購買房子,兩年後因與妻子離婚而打算出售,卻發現房價已跌至 2,700 萬元。」

「我花了 110 萬元去買愛馬仕包包,使用五年後想

轉賣,沒想到二手商最多只願意以 70 萬至 80 萬元的價格收購。」

這類會造成虧損的投資,實在難以稱得上是優質的實體投資。

如前所述,富人偏好法拉利而非賓士,原因在於能避免虧損。當然,身為有錢人,他們可以隨心所欲地選擇想要的車,卻往往會購買「轉賣價值」較高的款式,主要還是因為這類車型比較不易貶值。

順帶一提,各位可能知道音樂界泰斗、Avex 的會長松浦勝人吧?他是個汽車愛好者,**擁有多輛豪華轎車**。在購買高級轎車時,他一樣會考慮「轉賣價值」。據說,他的父親經營中古車生意,受父親影響,松浦對汽車買賣的門道瞭如指掌。

34 實體投資 ❶
買下整棟公寓，成為包租公

接下來，讓我們介紹四種最佳的「實體投資」方式。

既然是最棒的投資，當然就有一定的投資門檻。有些技巧比較複雜，只適合真正有心追求財富的人實踐，一般人可能會望而卻步。不過，即使你是一般的投資者，本節介紹的**「購買整棟公寓」**仍是一種相對容易實踐的投資方法。

在不動產投資中，我建議直接購買整棟建築。選擇標的時，要尋找那些可以長期出租的物件。戶數越多越好，例如，一棟只有 2 戶的樓房，若有 1 戶搬出，空房率就高達 50%，風險相當高。相比之下，一棟 30 戶的公寓，即使 3 戶搬出，空房率也僅 10%，經營仍然穩定。

想當「包租公」，可以尋找附近的公司或工廠，將整棟樓作為員工宿舍出租。或者聯繫不動產仲介，請他們協助設計格局，再考慮要租給哪類人群。

不動產投資失敗的損失可能很大，初學者建議先從 400

萬元的中古屋著手,只要鎖定租給低收入群體的物件即可。即使重新裝修,總開銷也不應超過 500 萬元。選擇中古屋時,最好找供水和排水系統正常,且整棟出售的物件。

許多初學投資者喜歡購買中古公寓,有些物件平均年報酬率可達 20% 以上。第 30 頁提到的 D 先生,就是用這種方法逆轉人生,躋身「億萬富翁」行列。

舉例來說,假設你花 200 萬元購買一間套房,再投入 100 萬元重新裝修,總計 300 萬元。如果每月租金 4 萬元,穩定收租的話一年就有 48 萬元收入。約 6 年後,300 萬元的成本就能回收。之後的收入都是純利,這是一種容易實踐和練習的投資方法。

寶物要自己找

市面上流傳的不動產投資方案,大多需要 30 年才能回本,效率明顯偏低,甚至可能還要支付額外利息。有些套房投資很容易獲得貸款,人人都能買,但我不建議購買這類物件。因為你還要被仲介抽取佣金,扣除管理費用後實際收益並不高,成本過於昂貴。此外,空房率波動大的物件風險極高,是最危險的投資方案。

房仲帶你去看的物件,你都要保持警覺,不要輕易上

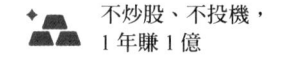

當,因為真正優質的物件,房仲往往會自己買下來獲利。

好物件要靠自己找,這是投資的金科玉律。

找物件時有一個重要的判斷標準:首先,排水和供水等基礎設施要完善,且必須符合耐震標準。

木造建築和鋼筋混凝土建築的折舊計算方法不同,可以根據房屋年份計算殘值。如果發現購買時價格已經偏高,可以指出這一問題,要求賣家降價。買入價格過高必然會壓縮獲利空間。

日本住家的法定耐用年限大致如下:

- 木造:22 年
- 鋼構屋(鋼材厚度不足 3 毫米):19 年
- 鋼構屋(鋼材厚度 3-4 毫米):27 年
- 鋼構屋(鋼材厚度 4 毫米以上):34 年
- 鋼筋混凝土屋(RC):47 年

這些看似專業的資訊,總之就是**法定耐用年數較短的越好**,因為每年折舊比例較高,有節稅效果。

一般而言,折舊期間從數年到數十年不等。如果物件

年份已超過法定耐用年數，也可以一次性提列折舊。如，木造公寓已超過法定耐用年限，可以用「22年×折舊率0.2」，4年就能全部提列完畢。（折舊率0.2是法定數值）

老舊的木造公寓買起來便宜，每年又能大幅提列折舊，這也是一種獲利方法。

土地

購買土地時，要選擇未來人口可能增加的地區。換言之，你要預估某地的土地未來會升值，提前在當地購買整棟公寓或大樓。

例如，有都市更新計畫的地方，將建設新的大樓、車站、鐵路設施，未來可能還有大型企業、工廠、商場進駐，這類地區的地價必然上漲。如果你能提前獲得這類信息，可說是天大的好運。不可諱言的是，這種信息通常也是有錢人最先知道。當然，你也要確認該地區是否符合都市計畫法的重建條件。

其他注意事項

法拍物件也是一種投資標的，但近年來，優質的法拍

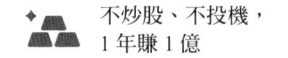

物件大多被專業人士買走了。有些債權人背後可能有黑道勢力,建議大家多加留心。

35 實體投資❷ 買下整棟公寓的整修與運用

接下來,我將為大家介紹買入中古公寓後的整修和運用方法。

翻修

老舊不動產經過翻修,也能煥然一新。你甚至可以自行 DIY 整修,提升外觀吸引力,自然會有租客上門。近年來,DIY 整修儼然成為一種流行趣味,甚至是賣點。如果你能做得好,不僅能降低投資成本,還能提高獲利。

管理

自行管理和委託業者管理的經營成本有所不同。通常,委託業者管理會侵蝕約 2% 的利潤。我的一些學生喜歡打掃

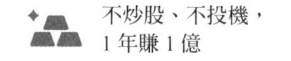

和整修房屋,因此選擇自行管理。但如果你的物件位於遙遠的外地,親自管理可能會很麻煩,建議還是交給專業的物管業者處理。

獲利

在決定租金之前,先參考周邊地區的房租行情,再計算自己的預期獲利。同時,也要估算空屋風險和管理費用。

通常,不動產投資的年利率約為 15%。如果委託業者管理,需要多扣除 1% 到 2%,再加上房屋整修費用。因此,如果能達到 12% 的獲利率就已經不錯了,這樣大約 8 年就能回本。

前面也提到,針對低收入戶的租屋,租金最好不要超過 38,000 元。

買法

一般來說,買房多通過仲介業者。

有些人會向熟識的人購買,但這種情況在申請貸款時容易遇到困難,後續也可能產生麻煩。特別是在處理繁複的手續和稅金等事務時,交給專業人士處理還是比較輕鬆。有

錢人通常會找人幫他們處理繁瑣或不需要親自動手的事情。

貸款

貸款是不動產投資的關鍵，建議投資者保有上班族身分。特別是在日本國內的不動產投資，都有公共金融機構的保障，多貸一些反而可能更有利。保有上班族身分，可以向日本政策金融公庫或銀行等機構申請貸款。這些機構會考慮，即使你的不動產出現高空置率，身為上班族的你至少還能償還貸款。萬一你的信用有問題，無法從公共金融機構獲得貸款，只能用現金進行投資，那麼我會建議你考慮其他投資標的。

有人可能會擔心，前面講了那麼多不動產知識，現在卻來個回馬槍。不用擔心，即使資金不足或信用出現問題，仍然有機會購買中古不動產，躋身富人行列。

然而，關於借款有一點需要特別注意。

如果你看中的不動產耐用年限不長，或已超過耐用年限，可能無法申請到貸款。即使借到了，還款期限可能很短，每月需支付的利息也較高。資金不足的人，需要有良好的籌資計畫。

順帶一提，有錢人為了減少利息損失，反而會刻意縮

短還款期限。我認識的富人,還款期限通常安排在 7 到 10 年左右,而且都會在 10 年內全部還清。然後,藉由良好的信用記錄,繼續借貸大額資金來投資。

36 實體投資❸
創造多贏的農業投資

投資國內外的農業，也是有效的「實體投資」。 如前所述，投資農業可以創造對各方都有利的多贏局面。

特別是那些**高單價的農作物**，專門銷售給重視健康的富裕人群，這類投資標的尤為出色。

例如，坂道途中股份有限公司就專注於有機農業，並涉足海外投資。該公司的口號是「培植下一個世紀的農業」，他們的事業內容值得高度讚賞。

該公司的實績和願景獲得了廣泛認可。三井住友海上、好侍食品、味之素基金等企業通過第三方配股增資的方式提供贊助，日本政策金融公庫也提供了融資支持。總計融資金額超過 8 億元。相較於海外，日本農業的可用土地較小，更適合栽培高單價的農作物。

我的師父奧利華也有投資海外的有機農業。

先進國家的農地大多有使用農藥，日本也不例外。反

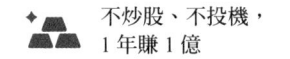

之,開發中國家有些土地完全沒使用過農藥。原因可能是農藥無法運輸到當地,或者當地人民不願種植可能危害健康的作物。奧利華就是看準這一商機而進軍有機食品業。

> **實體投資❹**
>
> # 37 輸出大型回收物，讓垃圾變黃金

有些東西你買了以後，日後要丟掉時非常麻煩。然而，有眼光的人從中竟也能看到商機。**換一個國家銷售，垃圾也能變黃金。**

這是一種通過合法途徑收購大型廢棄物，再轉賣到開發中國家的生意。經營這類事業的人常向投資者募資。通常，**投資一個單位至少需要 4,000 萬元起跳**。

聽到這個數字，你可能會感到震驚，覺得自己絕對辦不到。別擔心，再次強調，現在辦不到沒關係。請回想第三章所教的方法，未來充滿無限可能。

有營運經驗的企業主通常可以從公共金融機構借到 3,000 萬元。如果經營這種回收事業的業主過去經營其他公司時有良好的還款記錄，甚至可以借到超過 4,000 萬元。

我認識的一些億萬富翁中，就有人從事這種回收大型廢棄物的生意。**假設投入成本為「100」，他們可以賣到** 3

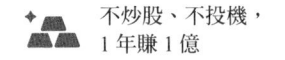

倍的價格。

籌措來的資金主要用於租借場地,來存放大型廢棄物,或添置設備和支付人事費用。這些都是擴張事業所必需的開支。這種事業也沒有分潤或配股,賣多少就賺多少。而且通常會與大企業簽約,非常有保障。

詳情我就不多說了,總之關鍵在於,**這項事業也有既定的「脫手」方式。也就是將經營成功的事業賣給有意併購的業者**。我一位 20 多歲的朋友在世界各地都經營這種生意,最後他以 3,000 萬元的價格賣掉了自己的事業。

此外,這類事業通常有稅賦減免優惠,對投資人來說也有節稅效果。

順帶一提,通常投資條件談妥後,需在一到兩週內決定是否出資,而且要一次性全額支付。這個標準適用於各種投資,不僅限於回收業。如果你拖延太久,以後可能就失去入場機會。

有些人決策不夠果斷,有些人住在偏遠地區,不方便匯款。這類人在投資領域很難獲得信任。就像發現獵物後才開始準備武器一樣。

要進行「實體投資」,你應該準備好手機匯款功能,這樣無論身在何處都很方便,這是基本常識。在投資世界

第 4 章
37. 實體投資❹ 輸出大型回收物,讓垃圾變黃金

裡,匯款動輒數百萬元到千萬元起跳。一次投資超過 1 億元的,更是大有人在。

聽完這些與普通人無緣的高額投資後,你未來打算如何行動?

你還是放不下「勞動者思維」嗎?或者,你已經向「億萬富翁的思維」邁進了一步?

我見過許多白手起家的成功人士,所以我能理解你們的想法。未來掌握在你自己手中,要往哪個方向改變,也全看你自己的決定。

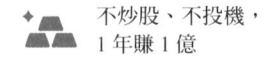

38 實體投資❺ 海外不動產，五年獲利20%

投資海外不動產，也是一種「實體投資」的有效方式。

在一些人口快速增長的開發中國家，不動產價值也隨之水漲船高。**年利率接近20%，持有4到5年後出售還能獲得20%以上的利潤**，這種情況與過去日本經濟繁榮時期極為相似。

當地的地產開發商會規劃建設項目，向投資者募資。通常買家也會事先確定。售價必定高於募集的資金，投資人可以獲得分紅，或是通過出售房產獲利。

開發中國家的房產，往往在建設過程中就會升值，可能會以超出預期的價格售出。這樣一來，投資人也能分到更多利益。

有些國家允許使用美元或當地貨幣，因此即使遇到2022年日元大幅貶值的情況，也無需過分擔憂。不過，不動產買賣會有手續費，計算利潤時應將這一點納入考慮。

38. 實體投資❺ 海外不動產，五年獲利 20%

購買海外不動產所獲得的利潤，最好直接存入該國的銀行。

儘管如此，**倒是要提醒你，不要輕易參加坊間的海外房地產投資講座，比如菲律賓或柬埔寨等地的房地產講座**。真正優質的物件，通常是海外大亨直接斥資上百億元購入，普通人難以接觸。募資也需要時間和精力，你認為開發商比較願意向普通人還是向億萬富翁募資？這是一個非常現實的問題。有價值的資訊往往通過信任關係流通，那些小道消息通常只有富人才能獲悉。

如果你沒有億萬身家，那麼你聽到的投資訊息很可能就是一場騙局。

順帶一提，將資金投資海外時，也可以選擇存入香港或其他地方的海外銀行，進行長期運作。這比存在日本銀行更有利，但效率仍然比不上「不動產投資」。

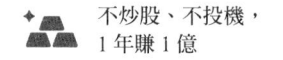

39 更多的實體投資機會，須留意風險

最後，我們來瀏覽一下**其他的「實體投資」案例**。

需要特別注意的是，接下來介紹的投資並不一定適合所有人。有些我認為風險較高的投資，對於具備專業知識的人來說可能是「優良」的投資機會。因此，即使是我個人不推薦的案例，我也會稍作介紹。

基本上，所有投資都應遵循一個原則：「**低買高賣，且一開始就有脫手方案**」。以下介紹的投資標的也不違背這個原則，都相當直接。有些標的在其他章節中已有提及，希望以下內容能給各位一些啟發。

超高級名錶

我曾經透過介紹，認識一位貿易商的 S 先生，他是投資「超高級手錶」的專家。他銷售的手錶，一支就要價好幾

億元。**區區手錶，價值竟然破億**。這些手錶的價值遠超一般人的想像，一般人根本看不出那是破億名錶。據說，S先生不買那種一眼就能看出價格的手錶，他只收購超高級手錶，憑藉獨到的眼光為眾多富人提供價值上億的名錶。

令人驚訝的是，這些手錶購買後往往還會升值，是相當穩定的投資標的。

我個人對高級名錶的認知，頂多就是勞力士、卡地亞，這些名錶了不起幾百萬到幾千萬元的價位（這種價位也算貴了）。沒想到還有名錶比這些更高貴，真把我嚇壞了。

要做這種「上億元」的投資並不容易，但前面也講過，像愛彼生產的高級名錶，用 1,000 萬元的價格買下來，日後有機會用 4 倍的價格賣出去。這也是一種很棒的「實體投資」。**假設有一款名錶價值 100 萬元，你花個幾億元一次購買幾百支，而且也事先想好了脫手的方法，那麼這就是好的「實體投資」**。

貴金屬

先說結論，**除非你很精通黃金的門道，否則不要買**。

買黃金有賠本的風險，甚至還會被課稅。大部分買黃金的人會發現，這玩意比用現金更加不方便。我不建議各位

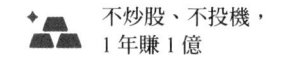

做這種「實體投資」。

購買黃金存在虧損風險，且可能需要繳稅。大多數購買黃金的人會發現，它比現金更不方便。在日本，購買價值 200 萬元的黃金需要申報。然而，真正的富人進行的黃金交易規模遠大於此。相形之下，200 萬元的黃金根本小巫見大巫。所以這些有錢人大多在海外進行交易。日本有資格交易大量黃金的人並不多，換句話說，**就算有好的黃金投資機會，少說也要資產破億的人才有資格參加。**

所以，如果你聽到的投資機會沒超過 200 萬元，那很有可能是貴金屬詐騙或直銷，請務必留意。

骨董車

真正的有錢人買車，當然都是買自己喜歡的，只是同時也會考慮轉售價值。例如，有一位投資專家曾花 700 萬元購買日產的「GT-R」，最近以 3,000 萬元售出。也許玩車只是你的興趣，但只要懂得善用「富人思維」，車子也能成為好的投資標的。

出口回收物品

這種投資方法，就是先收購便宜的回收物，再高價轉賣到其他國家。第 181 頁有提到大型廢棄物的例子，其實還有其他的投資機會，請各位好好留意生活周遭的環境。

有的東西在本國毫無價值可言，但到了其他國家價值連城，關鍵在於你要具備這種開闊的視野，找出別人還沒注意到的寶藏。就算是垃圾，說不定到了其他地方就會變成「搶手的貨品」。

鑽石

接下來我要講的話，可能會給很多人帶來不小的打擊。

日本人手上戴的鑽戒，幾乎沒有轉售價值可言。乍看之下很豪奢，但要賣的時候都是賠本賣。相信有轉賣經驗的讀者，拿去給業者估價時，一定都很意外，對吧？

有錢人投資的都是還沒有裝飾過的鑽石。鑽石的價值不只取決於大小，還要看透明度、裁切的方式、色澤等因素。海外的有錢人會持有鑽石來分散風險，因為他們知道鑽石比現金保值，但這在日本並不常見。

日本賣的鑽石，轉手價通常會跌到定價的 10 分之 1 以

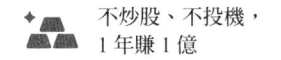

下。因此，除非你要離婚，不然很少有人賣鑽戒的。然而，鑽石也有好的投資機會，你可以買下這些沒價值的鑽石，轉賣到海外當工業用的研磨材料。

名酒

有些東西在本國很便宜，到了國外卻能賣到好價錢。這種例子屢見不鮮，也是實體投資和交易的基礎。

不過，有錢人的投資不是那種跑單幫的小規模投資，他們一次購買金額可能就是好幾億，而且事先都已規劃好脫手的管道。

價格上漲的物品

新冠疫情爆發後，「口罩」和「消毒酒精」也成了實體投資的標的。關鍵在於，你必須事先料到這些東西會漲價。通常只有億萬富翁會事先得知這種小道消息，也只有他們才能掌握住這種投資機會。投資專家會先決定好穩當的脫手途徑，投資相關生產公司以獲利。

其他投資標的還包括繪畫、美術品、油田、人才（如

私募債券）和太陽能發電等。建議從收集信息開始，最好的方法是認識「億萬富翁」，向他們請教。

可是有一點請特別留意。在蒐集投資資訊時，要特別小心不要落入詐騙的陷阱。下一章，我會教大家如何保護自身安全。

第 5 章

別讓錢被騙走的守財方法

40 認識有錢人，加快成為有錢人

有很多女性朋友曾跑來向我請教「如何釣到金龜婿」的方法。

坦白說，若想與有錢人結婚，最快捷的途徑就是建構龐大的資產，待你成為有錢人，機會自然來。慚愧的是，我以前也曾是那種見錢眼開，整天追逐有錢人的女子。因此，我深信自己所言絕對無誤。

等你成為有錢人，你就會認識一大堆有錢人。

首先，有錢人大多使用相同的高級服務設施（如頂級旅館、機場貴賓室、新幹線包廂），而他們結交的「人脈」也多半是富豪。我之所以能寫這本書，也是因認識了出版人Y的緣故。我平日擔任資產建構顧問，是客戶引薦Y給我認識的。

當我向另一位資產家提及這段因緣時，意外發現他曾

在派對上認識 Y 先生。他的前輩也曾得到 Y 的協助，出版過商業書籍。這種情況在上流圈並不罕見，幾乎可說是司空見慣。你認識一個有錢人，自然會認識其他的有錢人。

我師父奧利華說過一段至理名言：

「這世上 80% 的問題，都能用錢解決。**所以，人生在世應該先努力建構資產**。如此一來，碰到那種該用錢解決的問題，你馬上就能解決了。然後，**再把所有的精力，好好用來解決剩下 20% 的問題**。那些都是人生中最重要的問題。

換句話說，你要搞清楚幸福的定義，還有人生在世的意義。只可惜，大部分的人都把先後順序搞混了。該用錢解決的問題，他們卻想用錢以外的方法來解決，結果搞得自己焦頭爛額。」

確實，我自己成為「億萬富翁」，達到財務自由的高度後，也有很多不一樣的領悟。畢竟我擁有自由分配時間的權利，行動無拘無束，我終於明白什麼才是真正重要的人事物。同時我也領悟到，自己過去的人生，都只是金錢的奴隸罷了。

假設你在職場上有人際關係的煩惱，只要你有足夠的資產，直接辭掉工作就是了。

至於那些關係不錯的同事，你可以繼續保持聯絡。如果你有嚮往的職業，直接去毛遂自薦也無妨。

父母年紀大了需要照料，如果你有充足的資產，許多問題都能迎刃而解。單靠一己之力解決老人照護問題，不是件容易的事。

遺產繼承問題也一樣，大家明明都是一家人，卻因金錢蒙蔽雙眼，吵個不可開交。若你已達財務自由，根本不必捲入遺產繼承的紛爭。只要擁有正確的理財知識，**事先成立資產管理公司，還可以幫全家人節稅。**

見錢眼開的女人，下場都不好

請各位女性朋友們捫心自問，我們真的有必要為了金錢，急著把自己嫁出去嗎？

我曾參加過一個相親俱樂部，據說有不少三高的對象。有次主辦者詢問在場的所有女性會員，如果能夠實現一個願望，她們會想許什麼願？

大家的回答讓我震驚不已，我以為自己聽錯了，**因為 10 個人中有 10 個人都回答，她們想要錢**。回想起來，我以前也是那種人。

我跟那些女人一樣，試圖靠金龜婿來解決錢的問題。

我嫁過三個資產家,所以我非常清楚一件事。**除非對方死了,不然那些資產永遠不會變成你的**。這種作法搞錯了輕重緩急,不可能獲得幸福。

可惜許多人不願正視這個現實,她們不願意辛苦工作,急著想把自己嫁掉。這些女人總是有相同的藉口。婚後她們討厭自己的丈夫,想離婚,偏偏又沒有經濟能力。來找我諮詢的女性,幾乎都是這種情況。

我直言不諱地說,**錢的問題不要想靠別人解決,靠自己解決反而輕鬆一點**。尤其女性會懷孕,在很多情況下都相當不利。無論是經濟還是生理條件,都可能每況愈下。

如果你是女性,而且希望婚姻幸福,那麼更應該**先達到財富自由再結婚**。已婚婦女想要擺脫「金錢的煩惱」,也應該致力成為「億萬富翁」。

詐騙犯專門找「見錢眼開的傢伙」

想釣金龜婿的女性,很容易碰到一種威脅——那就是結婚詐騙犯。他們是一群擅長利用人性弱點的罪犯,具有敏銳的直覺,一眼就能看穿軟弱的人。我認識一些被騙財的女性,那些詐騙犯罪行實在不可原諒。

這一章我會介紹各種「詐騙犯」和「危險的投資話術」，有心成為「億萬富翁」的人，從某種角度來說都是詐騙犯或各種詐術鎖定的對象。因為他們汲汲營營想增加自己的資產，無法客觀判斷周遭的狀況。遺憾的是，這些努力投資的人，往往比一般人更容易被騙。詐騙犯是專業的騙子，他們很擅長把自己包裝成有錢人。

因此，建構資產的人有「三大天敵」，下一節我會詳細說明。

41 阻礙讓你變有錢的三大天敵

真的有心建構資產的人,絕對要避開以下「三大天敵」。

① 詐騙犯、小偷
② 稅金
③ 鋪張浪費

只有聰明地避開這三大天敵,你才有機會成為「億萬富翁」。

各位讀了這本書,是不是開始覺得,建構資產似乎沒有想像中困難,甚至認為自己未來也可以輕鬆賺到大錢?然而,有一點請你務必留意:**不要自己閉門造車,否則必定會出車禍。**

我之所以用輕鬆幽默的方式表達，是希望各位能留下深刻的印象。事實上，自己亂來確實會釀成大禍，這絕對不是玩笑話。我見過許多學生想靠自己的方法建構資產，結果真的出了大問題，尤其不少初學者剛起步就碰上大麻煩。另外，那些在旁人眼中特別優秀的人，一旦出事，下場往往更加悲慘。

他們出事的原因，正是我剛才提到的「三大天敵」。讓我們逐一探討。

① 詐騙犯、小偷

各位可能會想，避開詐騙犯和小偷這種常識，不用特別提醒也知道。

然而，重大的投資悲劇中，有 80% 以上都是這些人造成的。第 207 頁會詳細介紹他們慣用話術，這裡暫且不提。

有錢人常把上億元的現金或貴重物品，放在手提箱帶著走。小偷和扒手對值錢的東西有敏銳的直覺，只要稍不留神，東西馬上就會被偷走，損失慘重。這種情況下損失的不僅是資產，原本要與你交易的人拿不到應得的報酬，對你的信任也將蕩然無存。

要防範詐騙犯和小偷，最佳方法就是不要打扮得光鮮

亮麗。平常要盡量保持低調,切勿告訴他人你的錢財存放位置。真正有錢的人,反而不該住豪宅、開名車。請參考第 82 頁戈登的故事。

②稅金

不管是投資專家還是大企業,都會**花很大的心力節稅**。當然,他們並不是要特意逃漏稅,但節稅和逃稅有時確實難以區分。

節稅的方法跟防範詐騙犯一樣,不要刻意炫富住豪宅或開名車。

此外,銀行帳戶、證券帳戶、外幣、保險的總額加起來不要超過 1,000 萬元,這一點也極為重要。沒有大量的資產在手,稅務機關也難以向你追補稅額。理想的狀況中,這類有形資產最好不要超過 1,000 萬元。

節稅是需要方法的,而且需要認真學習。

以遺產稅為例,俗話說「富不過三代」。如果你沒有做好節稅的準備,遺產確實很難傳承三代。建議找專業的會計或稅務人員,商討節稅對策。

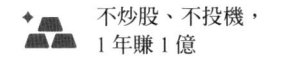

③ 鋪張浪費

真心想成為「億萬富翁」的人，必須立即改掉浪費的惡習。

「帕金森第二定律」是投資界的金科玉律。這是 20 世紀英國政治和歷史學家帕金森博士提出的著名定律。其內容就是：**「支出會不斷膨脹，直到打平收入」**！

請各位捫心自問，當你們拿到年終獎金或意外之財，是否直接用於購買昂貴物品或大肆血拼？

反之，當收入減少時，只要薪水還能維持生計，你們也不會大幅降低生活水平，對吧？因此，**「支出」終究有一天會與你的「收入」持平**。

無論你的年薪是 300 萬日元還是 2,000 萬日元，浪費都是不對的。我觀察到，**通常年收超過 800 萬日元的人，就容易有浪費的傾向了**。如果不特別注意，花錢真的會像流水一般。

再次強調，不要自己閉門造車，否則必定會出車禍。

不要以為自己很優秀就想自創招術，請各位直接套用投資專家的方法即可。

42 強烈的欲望，越容易被騙

我曾在拉斯維加斯居住一段時間，**差點被電視上的詐騙廣告騙到**。日本的電視頻道幾乎沒有這種詐騙廣告，但在美國卻很常見。大多是化妝品廣告，廣告中總是極度誇大其效果，並提供免費試用。

有次，我打電話想索取免費試用品，對方竟然要求我提供信用卡號碼。明明是免費試用，卻要求給信用卡卡號，這明顯不合理，於是我找丈夫討論。我丈夫萊恩是美國人（第二任丈夫），他一副見怪不怪地解釋，那是詐騙手法，**一旦提供信用卡號就會被騙錢**。

我聽了以後有種難以言喻的心情，既覺得憤怒又感到很失落，總之美國是一個詐騙橫行的國度。

在我們結婚前兩年，我和萊恩維持著跨國戀情。有次我遇到國際電話詐騙。騙子謊稱有便宜的國際電話服務，我天真地提供了信用卡號，結果被盜刷了30萬元。幸好及時

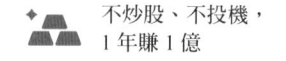

聯絡信用卡公司,避免了實際損失。

「我的錢怎麼不見了!」

在美國還有更驚人的事,有時銀行存款也會莫名其妙消失。有天我去銀行辦事,發現存款歸零,嚇出一身冷汗。冷靜下來查看明細,發現錢是從 ATM 被提走的,但我並未進行這些操作。不知是詐騙還是銀行疏失,最後經過交涉才把錢拿回來。然而,銀行堅稱是我個人疏失,至今仍無法查明真相。

前夫對美國銀行的看法是這樣的:「美國人不太喜歡把錢放銀行,一來我們不信任銀行,二來錢放銀行也不會增值(笑)。有錢人也都用其他方式活用資產。反正大多數美國人都很窮,每個月付完生活開銷就就所剩無幾。很多人的銀行存款甚至不到 100 萬元。」

詐騙手法層出不窮

美國是詐騙天堂,近年來日本也不遑多讓。巧妙的詐騙手法層出不窮,比如販賣一些奇奇怪怪的獨門訣竅,聲稱可以賺大錢。以下是幾個例子:

- 販賣各種奇奇怪怪的石頭,聲稱能帶來源源不絕的財運。也有人販賣昂貴的心靈輔導課程。
- 宣稱有自動操作外匯的賺錢方法,而且保證穩賺不賠。實際上,每次交易都必須支付額外的手續費,不管賺錢還是賠錢,得利的都是對方。
- 教人斷食以降低欲望,號稱可以培養出敏銳的直覺,投資交易無往不利。
- 提供昂貴講座教人自由自在過生活,殊不知自由生活需要金錢支撐。
- 各種神祕的宗教儀式,聲稱徒手掃廁所或在滿月時寫下願望,就能招財。
- 各種加密貨幣的騙局,想方設法吸引人來參加。等參加者獲利了結,想提領現金的時候,網站直接消失、索賠無門。
- 全身穿金戴銀,引誘你加入直銷,共享榮華富貴。一旦拒絕就翻臉不認人。有些騙子領政府失業救濟金,卻謊稱是投資的被動收入。

這些詐欺手法聽起來可笑,但真正可笑的是,欲望越強的人越容易上當,而且永遠有人受騙。這就像想減肥的人看到電視上騙人的減肥器材廣告就傻傻購買一樣。強烈的欲

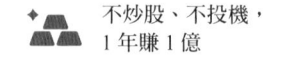

望容易使人受騙,請務必小心。

不受訊息影響的人才會成功

現代社會結構其實會阻礙我們功成名就。因為資訊量太龐大,我們只是吸收了大量資訊,就誤以為自己做了很了不起的事,但實際上根本沒有採取行動。

關鍵的問題在於,**絕大部分的資訊,都是有心人為了自身利益散布出去的**。特別是那些無法辨別訊息真偽的人,最容易上直銷的當。直銷只能算是勞動,不算被動收入。你必須不斷找新血加入,否則根本賺不到錢。

我認識一個前直銷從業者,他說:「我賺得太多,結果被開除了。」為何賺太多反而被開除?直銷的關鍵是慢慢吸血剝皮,他過分壓榨那些倒楣鬼,就被上級開除了。

再次強調,真正有用的賺錢情報都掌握在富人手中。所以,不要相信網路上的賺錢訊息。有錢人交換情報不用付錢,也不會簽保密契約,更不會到處散播。我教學生建構資產的技巧是收費的,而且會先審核對方背景,與值得信賴的人簽保密契約,然後才教他們方法。

43 快速拆穿詐騙的五大原則

詐騙犯和小偷是「億萬富翁」的天敵。要成為「億萬富翁」，不僅需要培養建構資產的能力，還要具備辨別詐騙的能力。請善用以下的5大原則，揭穿詐騙的假象。

原則① 投資手法是否單純？

有次，從事醫療業的R小姐向我求教。她二十多歲，朋友推薦她一個投資英國銀行的機會，每月可享有2%的利息。

我問她：「具體的投資內容是什麼？」

她回答：「好像是私人銀行的特殊金融商品⋯⋯」

投資內容冗長複雜，我完全聽不懂。最後，R小姐也無法解釋清楚，顯然不理解投資內容。我當然就勸她不要輕易出手。

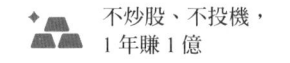

類似的投資話題不勝枚舉。那些你聽多少遍都無法理解的投資話術，**比如用 AI 投資之類的**，十之八九都是詐騙。

回想第四章學到的「實體投資」。好的投資要低買高賣，並事先決定好脫手方法。這種投資方法簡單易懂，人人都能理解。那些富可敵國的資產家，他們使用的投資方法都相當單純。

原則② 投資金額是否過小？

有趣的是，詐騙犯通常不敢一次詐騙上億元。因為**詐騙金額超過 1 億元，被追討的風險就會升高許多**。

他們詐騙的金額，通常都是被害人不會想聲張的數目。比方說，坊間有些投資機會，號稱只要有 10 萬元就能投資，「一個月就有機會漲到 300 萬元，當然也有賠掉的可能。」

這類投資，你身邊真的有人賺到錢嗎？大概沒有吧！即使受騙，因為金額不大，被害人往往只當作花錢學教訓，不敢聲張。

假投資的詐騙金額，通常不超過 1,000 萬元。真正難分辨真偽的，是那種投資額度好幾千萬元的情況。

假設你被騙了 1 億元，還有辦法假裝沒事嗎？絕對不可能，對吧？當然，有些知名人士可能為避免醜聞而選擇沉

默。身為普通人,要特別警惕那些「小額」投資。

原則③ 年利率有沒有超過 20%?

我曾聽過一個印象深刻的詐欺案例:「我們有一套自動外匯交易系統,每月至少有 5% 的利潤,而且投資手法非常穩健,基本上沒有賠本風險。」

如果有朋友告訴你這種投資機會,請立刻跟他絕交。

因為每月 5% 的獲利是不可思議的數字。即使不計複利,5% 乘以 12 個月,年利率就達 60%。若計算複利,年利率更高達 79.6%。而且這還只是保底利益。

請試著思考一下。全球知名的投資大師巴菲特,投資的年利率最高也不超過 20%。現在有人聲稱比巴菲特更厲害,你敢相信嗎?

如果真有這麼棒的投資機會,他們何必告訴你?

「一個月就能賺到你一年都賺不到的利潤」是詐騙犯慣用的話術。雖然可能有特殊例外,但投資新手聽到這種超高獲利的機會,最好視為詐騙,避之唯恐不及。

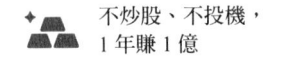

原則④ 有沒有可能是龐氏騙局？

絕大多數的詐騙都是採用「龐氏騙局」的手法。近年來有不少知名藝人受騙上當，媒體也大幅報導。這是查爾斯‧龐茲構思的詐騙手法，簡單說，就是類似以債養債的概念。

例如，有人投資 100 萬元，每月可獲 2 萬元分潤。被害者誤以為每月有獲利，便不疑有他，還介紹他人投資。新的被害人加入，集資金額越來越大。

最終，當集資金額達到一定程度，操盤手就人間蒸發，捲走所有錢。投資人的 100 萬元血本無歸，只能自認倒楣。

龐氏騙局最大的特徵，就是資金幾乎沒有實際的操作運用。

由於沒有實際操作，理論上就不可能有獲利。如果找不到新的受害者加入，沒有新的資金來源，騙局很快就會破產。因此，如果你要求退出並拿回錢，對方卻遲遲不還，你很可能就是遇到了龐氏騙局。

反之，那種操作金額達到上億元的投資，如果你要求退出並立即把錢拿回來，而對方立刻退還，那也相當可疑。因為真正操作龐大金額的投資，如果要撤資，至少也得經過一些手續時間才拿得回來。

原則⑤ 跟操盤手能否頻繁取得聯繫？

各位想像一下，被自己信賴的人欺騙是什麼感覺？如果那還是你心愛的戀人。

你一定會心懷怨恨吧？同樣的道理，詐騙犯也想避免成為別人怨恨的目標。

因此，他們盡量不跟投資人見面。你不知道對方是什麼樣的人，也就無從發洩恨意了。倘若你連操盤手的長相、身分都不清楚，那也許整個投資就是一場騙局。請重新審視一下你的投資吧！

當然，真正的投資因為集資金額過於龐大，因此操盤手只會把私人訊息，透露給真正值得信賴的對象，這也的確是事實。

44 「破產」是王牌，歸零重新開始

很多負債累累的人跑來向我求教。你們可能以為，負債再多，也不過是欠下幾百萬元的卡債或高利貸吧？

確實有些人只欠這點錢。對於這些收入不高的人，我會建議他們聲請破產。因為他們反正已經無法再貸款，也不可能利用財務槓桿翻身。**與其浪費時間還債，不如盡快將債務歸零重新開始。這也算是一種損失控制的方法。**

那麼，真正損失慘重的都是什麼樣的人？

說穿了，就是那種能力高超卻負債累累的人。因為能力高超，所以收入不會太差，各項條件也優於常人，擁有相當高的天賦。這類人一旦負債，名下所有資產反而會被當作擔保，很難聲請破產，借錢給他們的人也考慮到了這一點。以下我介紹幾個欠下上億債務的案例，請各位引以為戒。

債務累累案例 1

一位四十多歲的 A 女士來向我求助。

她原本在外資食品企業擔任業務助理,薪資依業績而定,年收入大約 2,000 萬元,薪水相當不錯。她從小在單親家庭長大,也很感激辛苦養育她的母親,所以幫母親還清了老家的房貸。在我看來,她是個品行端正的人,而且又未婚,經濟狀況應該不錯才對。沒想到,她卻欠下了大筆債務。

一年多前,她在朋友介紹下投資了一間 3,000 萬元的套房。委託物業管理後,每月可收 98,000 元租金,但房貸每月要繳 106,000 元。換言之,這項投資每月虧損 8,000 元,利率為 1.8%,總共需還 35 年。

A 女士的債務不只如此,她又聽信朋友建議,買下另外兩間投資用套房,共計 6,000 萬元。

各位以為這就結束了嗎?還沒呢!接下來,她又貸款 4,000 萬元買房自住,每月要繳 105,000 元房貸。這筆房產同樣是好友介紹的,我認為她的好友純粹是在利用她,而已。

最終,她總共欠下了 1 億 3 千萬元。

一個普通人能借到這麼多錢,其實也很罕見。這就是所謂的「不良債務」,因為這些不動產每月造成淨現金流出,投資幾乎不可能回本。

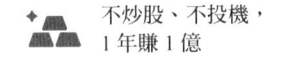

> 更糟的是,她花1億3千萬元買下的四棟房產,經過詳細評估後,發現根本不值那個價錢。
>
> - 一戶3,000萬元的套房→實際資產價值僅900萬元。
> - 一戶4,000萬元的自住房→實際資產價值僅1,500萬元。
>
> A女士想賣掉這些房產,卻賣不出去。因為這些房產的實際價值遠低於預期,即使賣掉也還不了龐大的債務,銀行不允許她出售。而且如果聲請破產,所有資產都會被沒收,連聲請破產都辦不到!在我認識的人中,很少有人像她這麼悲慘的。

許多所謂的社會菁英都陷入這種進退兩難的困境。他們收入很高,可惜缺乏正確的財務觀念,結果被壞人無情剝削。大多數社會菁英也都是好人,每次看到好人落得如此悽慘的下場,我都感到非常難過。

要改變對金錢的潛在認知非常困難

A女士從小家境貧困,對金錢有很深的自卑感。

這種自卑感源自潛意識中的「窮人思維」。奇怪的是,越貧窮的人越容易亂花錢。這通常是受到童年時期父母或學校教育的影響。

例如,如果你從小家境貧困,父母總是要求你節儉不准花錢,等你長大有錢可用時,就很容易亂花錢。結果,你永遠沒有儲蓄,永遠得不到自己真正想要的東西。

相反地,如果你的父母收入很高,但他們很愛亂花錢,幾乎沒有儲蓄。你就會養成必須儲蓄的觀念,把錢看得比什麼都重要。

我的父母是非常節儉的人,所以我長大出社會後,賺到大筆收入時,也變成了愛亂花錢的人。因此,在我學到建構資產的祕訣之前,幾乎沒有儲蓄。

最麻煩的是,我們很難察覺自己的金錢觀念有問題,因為那些觀念深藏在潛意識中。有相同金錢觀念的人會在無形中互相吸引。所以有錢人容易與有錢人在一起,窮人就和窮人在一起。

這就是為什麼想成為有錢人,你必須找到一個成功的師父或好夥伴。

45 小心高利息商品，會吃掉本金

　　四十多歲的 P 女士是一位企業經營者，同時也是天使投資人。她購買了大銀行的投資信託基金，投資金額近 400 萬元。每月可獲 3 萬元利息，因此她總是期待每月的利息入帳日。

　　然而，幾年後出現了意想不到的情況。P 女士發現利息越來越少，每月只剩 8,000 元了。

　　她打電話詢問，這才知道**原先投資的 400 萬元，已經虧損至只剩 120 萬元**，總共虧損了 280 萬元。即使加上過去賺到的利息，也無法彌補損失。P 女士受到巨大打擊，甚至因此生了一場重病。

　　康復後，她決定去銀行討個說法。銀行負責人聽完她的抱怨，面不改色地說，投資本來就有賺有賠，況且已經給了她優渥的利息，也沒賠掉她太多本金。P 女士聽到這番話，氣得臉色發白。

第 5 章
45. 小心高利息商品，會吃掉本金

投資專家都把這一類金融商品，稱為「章魚腳分潤」。

據說，海裡的章魚沒東西吃的時候，會吃掉自己的腳。顧名思義，你等於是從自己投資的本金當中，挖出一部分給自己當「利息」，所以又稱為「章魚腳分潤」。**簡單說，本金和收益都被侵蝕掉了（被當作利息），根本是做白工。**

像 P 女士這樣不了解內情的人，拿到利息就以為無需擔心。事實上，投資本金正在不斷減少，這種投資信託基金不僅有賠本風險，手續費還非常高昂，簡直是一種典型的合法詐騙行為。

P 女士作為一個天使投資人相當成功，資產快速增加，平均有兩倍的報酬。換句話說，過去她投資 400 萬元，可以賺回 800 萬元的利潤。遺憾的是，她並未真正精通理財知識。

後來，她又聽信可疑人士的建議，投資了虛擬貨幣、信託基金，對方還謊稱投資有節稅效果，結果損失了大部分資產。

沒有財務觀念的人一旦運氣好賺到大錢，或是空有一身賺錢本領卻不懂理財，失敗時總是摔得特別慘。

那些銷售投資信託的不良銀行，以及不負責任的不動產業者，就專門鎖定 P 女士這樣的人。**這些騙子會主動接近受害者，向他們推薦所謂很棒的「節稅方法」**。請各位一定要提高警覺，小心別受騙上當。

46 「富爸爸和窮爸爸」的真實故事

我真的見識過「富爸爸和窮爸爸」的差異。一個是我的親生父親,另一個是我聽過的資產家。雖然我沒有親自見過那位資產家,但他確實存在。

先來說說「窮爸爸」的故事。

我父親是個公務員,工作非常認真,賺來的錢也都存了下來。他是個非常節儉的人,詳情我會在第 7 章提到。也多虧他勤儉持家,不需貸款就用現金買下了 2 間房產。買下第一間房子時,他對房子不太滿意,很快又買了第二間。

再來看看「富爸爸」的故事。

那位富爸爸,有次對自己的兒子說:「爸爸利用貸款借了 1 億元,買下了一整棟公寓。」這位資產家購買的公寓 7 年就回本了,所有貸款也都還清了。之後,他又貸款買下第二棟公寓。他的信用評等不斷提升,可以一次貸到 1 億 5 千

萬元。富爸爸不斷利用貸款,買下一棟又一棟的公寓。因為他有大量的被動收入,就用多餘的收入買了一棟自住房。原來他和我父親一樣都是公務員。他一直工作到退休,在退休前不斷使用貸款手法購置房產。

兩個人都是公務員。

但相比之下,我父親退休後只有兩間房子,外加 1 億元現金。從普通人的角度來看,能存下這麼多財產也算相當不錯了。雖然他是我父親,但我不得不佩服他節儉持家的能力。然而,他只留下越用越少的「現金」給我,並沒有替我留下會生金蛋的母雞。

反觀「富爸爸」退休後,每年有 2 億元以上的被動收入。他的子女在他去世後也能繼承這些資產。每個孩子都享有大量的被動收入。富爸爸使用的都是合法手段,這就是「普通資產家」和「投資專家」最大的區別。

普通的資產家,只持有會貶值的資產。投資專家則會養好幾隻金雞母。

兩者的差異在於,你一開始就要去籌措大筆資金,投資真正有價值的事物,讓那些事物幫你賺取每個月的被動收入。也就是說,不要買那種不會幫你賺錢的房子,而是要買下幫你賺錢的「金雞母」。

第 6 章

活得像億萬富翁的日常習慣

47 時間,是「生命」, 也是「信用」

前面五章,我介紹了有錢人密而不宣的「共通思維」,各位覺得如何?至於前面未提及的「有錢人思維」,我會在本章做一個概括性的補充。有錢人也是人,他們都有自己的個性,每個人的規矩也不盡相同。

因此,本章的部分內容可能會與前面的內容互有矛盾。不過,這也是一種「有錢人的思維」,希望能給大家帶來不同的啟發。

不守時的人得不到信賴

第 101 頁中介紹的飯店業鉅子雅各,對於**守時幾乎到了苛刻的地步**。

與他約定見面,時間一到他就會從你身後出現,全身打扮時尚入時,宛如義大利時裝秀的模特兒,臉上始終保持

第 6 章
47. 時間，是「生命」，也是「信用」

微笑。由於他實在太過準時，你甚至會懷疑，這個人是否擁有瞬間移動的超能力？

有次我與他相約用餐，我的另外三位女性好友也想一同前往。我想讓她們增廣見聞，便幫忙安排了。沒想到其中兩人臨時有事無法參加。她們都是醫療從業人員，醫療工作難免有無法脫身的時候。

不過，雅各對這件事毫不寬容。

「在商場上，提前 5 分鐘到場是常識。無論任何理由，臨時取消約定都是不對的，即使她們從事醫療工作也一樣。真由子（※ 我的名字），**像那種會臨時爽約的人，千萬不要跟她們交朋友。因為她們會害你失信，餐廳是我預約的，這下連我都失去店主的信賴了。**」

有錢人不會在背後說他人壞話，但為了對方著想，他們也不怕說出得罪人的話。而且，他們會慎選交往對象，與朋友也會保持長久的緣分，所以凡事都非常守信用。

過去我擔任業務員時，見識到了有錢人的習性。越有錢的人做事越果斷，一旦做出決定絕不反悔，再小的約定都會遵守到底。對有錢人來說，**「時間」就是寶貴的生命，也關係到信用，比金錢還重要**。相反，貧窮的人做事猶豫不

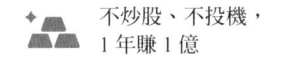

決,簽約後還要反悔,根本在浪費彼此的時間。偏偏他們自己又不會意識到這一點。

有錢人面對「事實」不會說謊

說個題外話,那位沒有爽約的女性朋友,也被雅各指出了缺點。她是四十多歲的普通上班族,原本打算自立門戶,做流行服飾的生意。雅各問她:「請問你是做什麼工作的?方便告知一下大名嗎?」

我朋友回答了雅各的問題,卻得到了意想不到的回應。

「你不適合創業,建議你最好不要辭掉工作。我沒問你話,你也不會主動打招呼,連自我介紹都沒有。然後,你說要來學致富的祕訣,卻連一點基本的見面禮都沒帶。**這種事情別人不會提醒你,但我會**。如果一定要我說你才知道要做,那你連最基本的禮貌都沒有。像你這樣的人創業,要怎麼取悅客戶?還有,你說你想做流行服飾的生意,憑你的品味是不及格的,人家不會想要效法你的品味。」

我那位朋友愣了好一會兒,大概一輩子都沒聽過這麼直白的批評吧!

不過,雅各會批評她,並非因為其他人爽約而遷怒她。

第 6 章
47. 時間,是「生命」,也是「信用」

在我看來,這位飯店業大亨說的全都是「實話」。我那位朋友聽從了雅各的建議,沒有辭掉工作,而是利用閒暇時間創業,事實上也確實沒賺到錢。

有錢人面對「事實」是不會說謊的。乍看之下似乎很嚴厲,其實這才是真正的體貼。

48 有錢人比一般人早起兩三小時

有錢人一大早就開始工作了。

有多早呢？至少比一般人早起 2 到 3 個小時。普通人早上 7 點就要離開家門去公司上班了，對吧？有錢人比這個時間還要早。

因此在美國，還有所謂的**上流尖峰時段。早上 4 點到 5 點時，會有一大群司機駕駛的黑頭車塞在路上。**

S 先生是一位知名連鎖餐飲創辦人，也是我的朋友。他每天早上 4 點起床，一定會先查看消費者的問卷，然後親自打掃店門口，這是他每天的例行公事。不論颱風下雨，從不間斷。

有錢人利用時間的方法都非常有特色。**他們把時間視為生命。**

因此，不必親自處理的事情，他們會交給員工、AI 或機器來處理。只要能節省時間，他們也願意花大錢購買私人

飛機。有錢人不會亂花錢,但他們會花錢來買時間。

　　我的師父奧利華從不搭電車,因為還要花時間查班表和研究轉車方法,而且在電車上也無法好好休息。

　　我和他一起搭計程車時,他總是利用這段時間補眠。我在一旁看著他呼呼大睡,真的很佩服。有錢人實在太懂得善用時間了。

49 預定好的行程，可以靈活更改

各位是否好奇有錢人的記事本裡都安排了哪些行程？你們可能會很想知道，有錢人都和哪些人見面？

揭曉答案後，你們可能會感到失望。實際上，大多數有錢人都沒有非做不可的行程。就拿我的師父奧利華來說，他安排行程的方式真的會讓人覺得很不可思議！

有一次，我請他參加網路面談，幫我評估九名學生和客戶，看他們是否有資格接受我的指導。奧利華思考了一會兒，平靜地說道：「要評估九個人，得從早上5點開始才行，不然趕不上其他行程。從5點開始評估，每人談30分鐘，最後一個人就安排在9點吧。」

當時我心想，他的行程到底有多忙碌，竟然要5點開始才來得及？

我坦率地表達了我的驚訝，他回答道：「你誤會了。**我**

每個月只有一天會安排行程。所以,像開會或面談這類會占用我時間的活動,我全都安排在同一天。」

他說這話時還笑得很開心。原來,他把一個月的會議行程全都集中在同一天。

那天還發生了一件讓我訝異的事。最後一位參加面談的人因為換了新手機,網路遲遲連不上。奧利華也不等那個人,直接睡起回籠覺。

過了 10 分鐘網路依然連不上,最後面談也泡湯了。不用說,那個人失去了學習致富祕訣的機會。

按照奧利華的說法,**他會盡量空出行程,這樣才能正確掌握自己的時間。**而這也是抓住機會的祕訣。想見奧利華的人不計其數,他不可能與每個人都見面,但有空時他也會主動約人。

我有位住在靜岡的女性朋友也想見奧利華一面。有次奧利華到靜岡,便打算與我朋友見面。可惜,我朋友剛好有安排,無法見面。

當然,奧利華臨時提出邀約,我朋友也不可能取消原定計畫。真正的問題是,**一般人安排的行程多是雞毛蒜皮的小事。因此我也提醒自己,盡量不要安排占用時間的行程。**

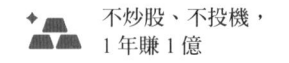

成功人士對機會非常敏感，一旦情勢不對他們也會果斷放棄。

成功人士為什麼經常改變預定行程？

我接觸過的有錢人都有一個共同特點。簡單來說，成功人士遇到意外情況時，**會靈活應變更改預定行程**。

有錢的男性經常改變自己的預定行程。他們改動行程會提前通知，不會說變就變，約定也絕對會遵守。不可否認的是，對於還未確定的行程，你必須做好他們可能隨時改變的心理準備。例如，他們**約會經常遲到好幾個小時**。

不過，有錢人會事先提醒你，他們可能會遲到很久，所以也不算失約。因為有錢人一遇到投資機會，就會全身心投入，根本無暇顧及約會的事。

與這些人相處久了，我發現要成為他們的伴侶，也必須具備相當靈活的思維和個性。如果伴侶像隻忠犬，**明知對方遲到還乖乖在原地等好幾個小時，那些「億萬富翁」只會覺得很沉重**。即使婚前雙方能夠接受，婚後也一定會因生活節奏的問題而爭吵。除非你也很有主見，懂得活出自己的人生，否則與有錢人交往只會讓你感到疲憊不堪。

50 關注飲食健康，也反映貧富差距

有錢人的日常購物思維也與我們不同。

我初搬到拉斯維加斯時，對當地環境還不熟悉，常去隨處可見的沃爾瑪大賣場添購日用品。

有次，我想煮一鍋家鄉味的咖哩，就去日式食品超市購買咖哩包，其他配菜則在沃爾瑪購買。煮好後我吃了一口——「咦？味道怎麼完全不一樣！」

我懷疑自己的味覺是否出了問題。除了咖哩調味料，其他配菜完全沒味道。就像把咖哩粉丟進熱水沖泡一樣，清淡得令人吃驚。

為了解開疑慮，這一次我到日式食品超市購買冷凍和牛，蔬菜仍在沃爾瑪買。結果這次做出的咖哩，還是只有牛肉的味道。我越吃越困惑，難道蔬菜真的是如此清淡無味的食物嗎？

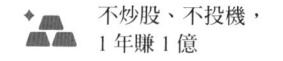

我前夫萊恩說：「美國的蔬菜農藥一大堆，又沒營養，當然沒味道啊！」

其實並非美國的蔬菜都沒味道，後來我總算買到了美味的蔬菜。

因為不甘心兩次失敗，我去了販賣有機蔬菜的全食超市採買。那裡的顧客都是開高級車的淑女，一眼就能看出是有錢人常去的超市。

店內擺設講究，氣氛優雅。蔬菜充滿生命力，像朝露一般鮮嫩欲滴，還帶著根。店內有大量新鮮食材可供挑選，我以為價格必定昂貴，仔細一看標價才發現，竟然與沃爾瑪的蔬菜也沒有太大差異。

我在全食超市買了食材再次烹煮，味道比我在日本煮的還要美味，口感也更濃郁！沒想到蔬菜對料理有如此大的影響！

這件事也讓我深刻體會到，那些有錢人對物品品質的好壞有多敏感。他們在家自己烹煮的餐點，味道一定也都很棒。

美國自助餐的貧富差距

拉斯維加斯常有人發放旅館自助餐的優惠券。在美國，

自助餐也是有分等級的，有的自助餐每人只需「15 美元」，有的每人要收「50 美元」。

我和前夫品嚐過各種等級的自助餐，注意到了一個有趣的現象。

價格較低的自助餐通常設在陰暗的地下室。用餐結束後，我們常觀察周遭的顧客來打發時間。這類餐廳的客人中，體重大多偏向過重，孩子也常吵吵鬧鬧、四處奔跑。顧客們拉椅子的動作往往很粗魯，身著寬鬆的 T 恤和牛仔褲，彷彿因體型而沒有其他衣服可選。

最令人難過的是，這些攜家帶眷的客人吃飯時，也很少跟家人聊天。

他們只顧著去拿大量食物，似乎想盡量多吃一點以求回本。雖然自助餐允許顧客自由選擇喜愛的食物，但他們往往只取用特定品項，如大量薯條、培根、炸雞等。飲料僅喝可口可樂，蔬菜幾乎不碰，好像餐廳根本沒提供蔬食似的。

我可以體會他們喜歡吃垃圾食物的心情，但吃完垃圾食物後，就會想喝碳酸飲料。惡性循環之下，垃圾食物越吃越多。就某種程度來說，這也是一種吸引力法則吧！

相比之下，我們造訪的高級自助餐廳環境截然不同。餐廳內能聽見鳥鳴聲，通風良好，還會播放悅耳的古典樂。

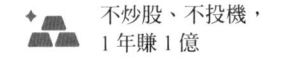

> 闔家用餐的顧客們悠閒地交談，女士們多穿著潔白的襯衫搭配領巾，男士們修剪整齊的鬍鬚，衣著得體。幾乎每位顧客都保持這樣的形象。

講句坦白話，這確實反映了飲食上的貧富差距，而這些都是我親眼所見。準確地說，或許這也算是觀念上的貧富差距吧！

在有錢人的觀念裡，用餐時「價格」和「分量」從來不是重點。真正重要的是「品質」和「交流」，這些才是影響身心健康的關鍵要素。

股神巴菲特也說過一句至理名言：「我們的身體就像一台車子，要拿來開一輩子，而且沒辦法換新的，所以要小心駕駛才行。」

如果你這輩子只能擁有一台車，你一定會勤加保養，開車時也會特別小心。我們的身心同樣只有一個，同樣要用一輩子。身心是比金錢更重要的資產，必須勤加保養才行。這是投資大師教我的真理。

51 善用信用卡點數，放大複利效應

我剛創業的時候，很想要一張美國運通的黑卡。這張卡需要連續數年，每年消費超過 1,000 萬日元才能獲得，是美國運通私下設定的門檻。換句話說，**美國運通的黑卡相當於有錢人的身分證。**

於是，我先申請白金卡，也就是次一級的卡。光是年費一年就超過 14 萬日元。拿到卡時我很高興，就像個小孩子拿到新玩具一樣，四處跟人炫耀。

有一天，我跟某位四十多歲的資產家共進晚餐。這位資產家是日本人，他們家世世代代都是大地主。他一頭金髮，體型略顯福態，皮膚白白嫩嫩的，身上穿著他最喜歡的白色 T 恤，上面印有波斯貓（他養了 7 隻波斯貓，家中還有貓咪專用的房間）。下半身則是短褲外加一雙亮晶晶的靴子。臉上帶著細框的眼鏡，整體看上去給人很開朗的感覺，

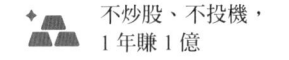

但兩眼卻像猛獸一樣炯炯有神。

快吃完飯時,他說這一頓算他的。我滿心雀躍,期待著他會拿黑卡出來結帳。結果他身上只帶了一支手機,並且用手機支付了餐費。

我好奇詢問他使用的是什麼服務,原來他是通過 PayPay 綁定信用卡,這樣可以獲得雙重回饋。

我告訴他,我最近申請了白金卡。他看著我的得意神色,輕推了眼鏡,用銳利的目光注視著我,然後說:「體驗頂級信用卡服務確實是不錯的經歷。不過,有些事情你應該了解。申請美國運通白金卡,實際上年費不需 14 萬元,2 萬元就夠了。它的消費可獲得點數回饋,若使用商務卡,回饋點數甚至能折抵全部會費。即便是個人卡,也能抵消一半年費。你支付了更高的年費,但並沒有獲得額外服務。」

我原以為有錢人都選擇最頂級的信用卡,不會斤斤計較這些細節,老實說我頗為驚訝。更令我詫異的是,他對信用卡的這些門道瞭如指掌。隨後,他開始闡述他的理財哲學:「**我這張卡的點數還可以設定自動投入投資項目,相當於利用複利效應增加點數**。這種增加點數的方式效果顯著,我主要用這些點數兌換航空里程。

我的樂天信用卡也設置了自動投資,點數會自動增長。每月上限是 800 萬日元,非常便利。當點數累積到 1,000 萬

時，每月大約能增加 10 萬點。按常規計算，至少需要消費 2 億日元才能獲得這麼多的點數。而現在，只需要設置自動投資，點數就能持續增加，這真是一項絕佳的服務。」

富人的理財觀念真的讓我心服口服。

原來那些富可敵國的億萬富豪，使用的信用卡年費比我還低，而且懂得運用複利來增加自己的點數。

這番對話讓我頓悟，浪費才是最大的敵人。構建財富的最大障礙，其實源於自己的心魔。後來，我剪掉那張白金卡，不僅省下了 14 萬日元的年費，每月也不再揮霍，節省了數十萬的開銷。

億萬富翁案例 13

讓我來介紹 M 女士的故事。M 女士是名符其實的貴婦，常在私人豪宅裡舉辦沙龍。

她有一雙大眼睛，髮型端莊賢淑。雖然已 60 多歲，但體態仍保持得很好。每次見到她，她都佩戴著典雅的首飾，服裝也相當有品味，一看就是氣質優雅的貴婦。

新冠肺炎爆發時，她還自行在透明面罩上增添裝飾，給人一種高雅的感覺。平日戴的黑色口罩也有貼鑽，色彩鮮明

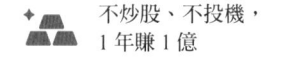

華麗。

　　我問她那種口罩去哪裡買的,她說,面罩和口罩都是網路上購買的,貼鑽也是去百元商店買回來自己貼上的。

　　真正了解金錢價值的人,對於用錢之道是很講究的,他們知道什麼錢該花,什麼錢不該花。

　　某位知名投資專家曾說,辛苦工作賺 10 萬元,還要繳稅金。所以,省下 10 萬元等於賺了 10 萬元。在你思考如何賺錢之前,應該先思考如何節約開銷。

　　不該花的就不要花,各位要有這種敏銳的判斷力才行。有這種判斷力的人,才會變得越來越富有。喜歡打腫臉充胖子的人,注定要貧困一生。

52 不被時間束縛，自主掌控時光

有錢人把時間視為生命，這一點我在第 223 頁中也曾提及。在商場上，這個觀念無疑是金科玉律。然而，當他們沉浸於個人興趣或休閒活動時，也展現出獨特的時間哲學。

他們不被時間束縛，反而能自主掌控時光的流逝。

億萬富翁案例 14

我一位朋友羅伯特，被譽為「不動產之王」。

他是我以前在拉斯維加斯認識的客戶，擁有一頭柔軟蜷曲的金髮，以及茶色的瞳孔。看起來就像童話姆米裡的阿金，散發著超然脫俗的氣質，年紀不過三十幾歲而已。

羅伯特的豪宅坐落於郊區，距離繁華的賭場和紙醉金迷之地有一小時車程。他繼承了不少家族的不動產，而他創立的不動產公司業務範圍廣泛，涵蓋開發、銷售、租賃和金融

等領域。他的客戶多為知名企業,如大型旅館和賭場的系統開發商。

值得一提的是,自 2000 年起,美國的不動產價格如脫韁野馬般爆漲,尤其是拉斯維加斯更是如此。羅伯特光是持有不動產,資產就以驚人的速度暴增。當時在拉斯維加斯涉足不動產的人,都被視為富可敵國的巨富。

他的住所瀰漫著悠然自得的氣息,個人生活節奏彷彿只有我的十分之一,一舉一動都從容不迫,年僅 30 餘歲就如此沉著淡定。

他還養了一隻毛色的貓咪,毛髮蓬鬆光亮,彷彿隨時可以去拍攝寵物用品廣告。這隻貓咪也如主人般優雅從容,雖然按理說 2 歲的貓咪應該很活潑好動,但牠卻少有動靜,讓人不禁懷疑牠是不是一個精美的擺設。

這種人一看就知道不擅長電腦,但他卻自稱電腦宅,總是興致勃勃地向我前夫請教電腦知識。他的學習速度不快,感覺似乎永遠都無法達到精通。然而,他仍然樂意每天花費 2,000 美元請我丈夫進行個別教學。

他的太太顯然不願他花這筆冤枉錢,但她也是個溫婉慈祥的人,每天都會關心他的學習情況。羅伯特則會興高采烈地匯報學習進度,驕傲地展示自己新掌握的技能。

像羅伯特那種「天生的有錢人」,對時間的觀念與常人

> 真是大不相同。
>
> 2,000 美元的學費相當於普通上班族一個月的薪水,但他認為這筆錢用在對自己有益的事情上,就是物有所值,甚至非常樂在其中。
>
> 有些富貴世家表面上看起來並不富麗堂皇,但他們對時間和金錢都有著「超越常識的堅持」。

有錢人懂得享受閒暇旅行

說到這裡,我想起在海外旅行時非常觀察到的一個有趣現象。

日本人的假期相對較短,所以出國旅遊時往往會四處奔波,想要盡可能多體驗異國風情。相反地,外國的有錢人來到日本,通常會在某個地點停留好一段時間,選擇風景優美的地方閱讀或享受日光浴。

杜拜購物中心的計程車候車區,排隊等車的幾乎都是白人。**他們在等車時會跟自己的家人閒聊**,不會像日本人那樣急著四處奔波。

我的假期也不長,不願意花幾個小時排隊等車,就會走到較遠的地方攔車。而那些有充裕時間的人,根本不會在意這點小事。當然,那些耐心等候的人並不見得都是有錢

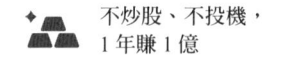

人,但歐美人和日本人對「假期」和「閒暇」的理解確實大相徑庭。

這種現象不僅限於杜拜的遊客。我去希臘的聖托里尼島時,發現住高級旅館的遊客大多悠然自得,多半待在旅館好好休息,不會到處「踩點打卡」。他們去泳池也只是在池邊放鬆,也不一定真的下水游泳。

最忌諱成為「時間貧民」

嚴格來說,已經積累大量資產的人,根本不需要特地在週末或連假出遊,那些日子人潮擁擠,費用也較高。有錢人可以自由支配時間,享受從容悠閒的旅程。

我有位住在瑞士的富豪朋友漢斯,曾經語重心長地告訴我:「在富人的世界裡,最忌諱的就是時間貧困。如果一個有錢人一年無法連續休假幾個月,那就表示他還沒有擺脫勞動者的思維,這就是所謂的『時間貧民』。」

對於鮮少有休息機會的日本人來說,這番話聽起來確實有些刺耳。但**真正實現財務自由的人,必定都擁有悠閒的時間觀念**吧!

53 默默為自己的未來耕耘

來談一下我以前當上班族的故事。

那時候我走路的速度非常快,無人能及,我深以為傲。每每前往車站,路人都紛紛被我超越,從未有人能趕上我的腳步。

有一次,我與名古屋的資產家芳樹先生(一位四十多歲的男性)共進晚餐,他經營不動產租賃和安養院的生意。芳樹先生身材勻稱,不胖不瘦,擁有又長又翹的睫毛。他身著高級西裝,手指上戴著醒目的金戒指,胸前的扣子隨意敞開。平日喜歡直接穿皮鞋而不穿襪子,笑聲爽朗豪邁。

一眼望去,你就能猜到他可能是個不動產大亨。

我們一同前往預訂的高級餐廳,前方有一條長長的斑馬線。當時,路口信號燈開始閃爍黃光。我和周圍的行人都急著過馬路,不然等到下次綠燈,還要等上好長一段時間。

回頭一看，令我詫異的是，芳樹先生絲毫不急於過馬路。更讓我驚訝的是，他沒有一次通過馬路。那條馬路中間有個分隔島，將整條路一分為二，他走到分隔島後，又耐心等下一個綠燈。

　　「您走得那麼慢，處理工作豈不是也慢吞吞的？」我打趣道。芳樹先生卻突然正色回答：「沒錯，我以前加入過自衛隊。結果因為做事慢吞吞的，所以就被開除了。」

　　「你加入過自衛隊？」我聽了大感意外。

　　「後來啊，我做其他工作也一再被解雇。我記得……好像沒有一份工作能做滿三個月。」

　　我心裡想的是，這也難怪啦！他的臉圓滾滾的，看起來很溫吞。他笑得像個財神爺一樣對我說：「不過，我腦筋動得很快。我開始投資以後，發現自己很適合做這一行。（接著他壓低聲音說）**所以我的資產增加得很快，從沒有縮水**。不用做任何事就有收入，生活很悠閒啊！哈哈哈。」

　　這番話給我帶來意想不到的衝擊。

　　認真工作的我頓時覺得自己像個傻瓜，心中湧起深深的失落感。

　　一週後，我們又在同一地點相約。芳樹先生這次改走休閒風，上身是普通的 POLO 衫，下身則是牛仔褲。

第 6 章
53. 默默為自己的未來耕耘

我見他氣喘吁吁,不知發生了什麼事。隨後,他說出了令我震驚的話:「上次我們過馬路時,我注意到了一處不錯的不動產。今天我提前十分鐘到達,就跑去參觀了一下,當場就買下來了。」

我愣住了。

「就是你上次過馬路看到的?就那一次?」

我這才領悟,走路快不快一點也不重要。

真正的富人平日行事往往慢條斯理,有些人乍看之下能力似乎平平無奇。然而,這並非他們的真實面貌。富人總是默默耕耘,為自己的未來播下種子。

54 提升財運的最快方法——改變外表

各位是否相信「吸引力法則」？即便不信，想必也曾在書中讀到過吧？事實上，財富的世界也遵循著類似的定律。**僅僅改變外表或居所，就能提升財運。**

有一次，我參加了一場投資人聚會。這是一個交流資訊的場合，與會者有初學者，也有頗具成就的投資專家。

會上有位四十多歲的F女士，在一家食品批發公司擔任小職員。她有做一些股票和投資信託的投資，但作為投資人還有很多需要學習的地方。真正引起我注意的是，**她全身上下都是黑色，頭髮也是黑的，整個人看起來就是很沒精神的樣子。**

「我遇到的投資話題要麼是詐騙、要麼是直銷，一定是我運氣太差了，投資也總是賠錢……」果然，F女士一開口就盡是負面言論。我和其他投資專家都沉默不語，不知該

第 6 章
54. 提升財運的最快方法──改變外表

如何勸導她。

一位三十多歲的啟介先生，率先打破了沉默，他也是位億萬富翁。啟介先生賣掉了自己的科技公司，手中握有數十億元資產，全都用於「實體投資」。他有一頭側分的濃密黑髮，細長的眼睛炯炯有神，身材高䠷勻稱，面容白皙又充滿知性。

「男人最重要的就是外表啊！」

他能說出這句話確實有他的底氣，平日勤於鍛鍊身體，認真保養外表，因此看起來非常英俊。他只穿著一件灰色T恤和牛仔褲，裝扮本身很樸素，卻宛如韓劇中的男星一般。

啟介先生向F女士提出一個問題：「你住在什麼樣的地方？房租一個月多少？」

F女士愣了一下，回答道：「我住在月租2萬元的破舊公寓裡，薪資也才13萬元，沒有其他選擇。每天下班回家，門前總是一堆蒼蠅和蟑螂，連開門都要小心翼翼。煮飯用的瓦斯爐也很破舊，我剛搬去時不知道該怎麼用，不小心燒傷了，所以就不下廚了。」

其他與會者似乎都對F女士不以為然，唯獨啟介先生專注傾聽，隨後他跟F女士說：**「你要更有氣魄才行！」**

「？？？」

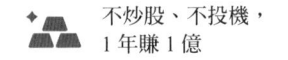

大家都聽不明白這句話的含義，現場一片寂靜。啟介先生正色道：「換句話說，**你要改變自己的氣場。最好的方法就是立即改變住所，把自己的居處換成風水寶地。如果真的沒錢，先改變外表也好**。改變一下你的服飾或髮色，最好改得誇張一點，要讓身邊的人都驚訝才行。既然過去的選擇都不順利，那就做以前沒做過的選擇吧！改變自己，周圍的環境也會跟著改變，就不會有人來騙你了。」

3個月後，我偶然遇到了F女士。我著實嚇了一跳，差點滑倒。她變得宛如藝人一般，裝扮十分華麗。

F女士聽從了啟介先生的建議，將部分頭髮挑染成彩色，她身著一襲全紅洋裝，彷彿正準備去度假。耳朵上還戴著大型的紅寶石耳環。最關鍵的是表情，她變得笑容滿面，與從前判若兩人。

「我改變外表後，奇蹟真的降臨了。公司突然提拔我，薪水也增加了！現在我花大錢租了一間度假風格的別墅，比起之前那間破舊公寓好上百倍。」

各位可能會認為，F女士的幸運純屬巧合。然而，像這

樣的奇蹟我見過不少次，我自己也有類似的經歷。

氣魄。
氣場。
吸引力法則。

這些元素乍看之下與投資無關，令人意外的是，許多富人都深信這些超自然的概念。

55 搬到好環境，就能改變人生

有些人如同 F 女士一般，改變住所後，人生也隨之截然不同。

即使無法立即搬家，你也可以嘗試去平常不曾造訪的咖啡廳，入住從未體驗過的旅館，或是搭乘新幹線時預約高級包廂等。既然連自己的外觀也改變，**何不趕緊將能改變的事物都稍作調整，最終你自然而然就會改頭換面。**

美國是一個貧富懸殊的國家，居住環境與居民的生活水平有著明顯的關聯。換句話說，貧困地區的生活水平普遍較低，形成一種惡性循環。相對地，富裕區域的吸煙人口較少，空氣品質更好，車站設施也更整潔，居民每天都充滿活力，生活水準不斷提升。

這種情況部分源於美國特有的「信用評等制度」。

第 6 章
55. 搬到好環境，就能改變人生

所謂信用評等，簡而言之就是信用卡審核時會參考的借貸履歷。在日本，收入過低或有不良借貸記錄的人，基本上也難以通過信用卡審核。美國的消費主要依賴信用卡，沒有信用卡會帶來諸多不便。

信用評等無法抹消，累積評等也不是一件容易的事情。而且美國人的社會安全號碼，也能查出一個人的信用評等。社會安全號碼就相當於我們的身分證字號。因此，**上流階級、中產階級、貧困階級之間，很少有階級流動的狀況發生。**除非你慢慢累積優良的信用評等。

更為關鍵的是，在美國，**信用評等會影響你的居住選擇**。信用評等不佳難以選擇良好區域的不動產。信用評等較差的人，大多只能居住在市中心的公寓，特別是那些短期出租的公寓，那兒通常就是信用評等不佳或沒有信用卡的人的棲身之所。

與日本大都會的公寓是人生勝利組的居所不同，美國恰恰相反，富人多半居住在需要汽車代步的郊區。即便他們住在大都市，也必定選擇有嚴格保全措施的高級住宅區。

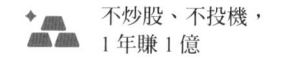

環境影響一個人的性格與舉止

我在美國生活時,發現市中心聚集了許多貧困階層的居民,他們窮困到連車子都買不起。因此各種詐騙、盜竊、凶殺案件頻傳。

我與丈夫萊恩結婚後,最初也住在短期出租公寓。這類公寓的住戶大多是夫妻,整日為金錢問題爭吵不休。街道上動不動就傳來槍聲,我每天都擔心會被流彈波及。

受環境影響,我的情緒也變得很不穩定。在短期出租公寓居住的那段日子裡,我經常與萊恩發生爭執,甚至因家暴而被逮捕過兩次。我明白這樣說可能聽起來很像藉口,但在美國,即便只是爭吵聲音稍大一點,就可能被視為家暴。

經歷這段經驗後,我終於領悟到一個道理:**居住環境的差異,會對人生產生巨大的影響。**

環境會影響一個人的性格和言行舉止,這是我親身體會到的。

第 7 章

讓成為有錢人的夢想成真

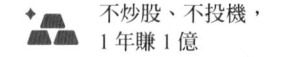

沒看過 100 元硬幣的小學生

「你家真是窮酸啊！」

我永遠忘不了小學三、四年級時，同學這樣羞辱我。

我的老家位於愛知縣，不了解內情的人看到我們家，都認為我們極度貧困。房子四周環繞著一大片樹林，庭院裡雜草叢生，蒼蠅蚊子四處肆虐。汽車和房屋都破舊不堪，就連付不起營養午餐費的同學，也會嘲笑我家很窮。

家中使用的物品破舊得令人難以想像，壞了也捨不得丟。我的父母極度小氣，每逢廢棄家具回收日，父親還會特地去向鄰居索要他們不要的桌椅。因此，我家的家具都是別人丟棄的廢物，椅子也都是壞的，我不敢靠在椅背上，生怕椅背會斷裂。

從小學到高中，我的零用錢始終是每月 30 元。每次我懇求父母增加一些零用錢，他們總是拒絕。父母幾乎不曾為我購買任何東西，毫不誇張地說，他們連一支鉛筆都不肯買給我。

有一次，我真的很想要一件新衣服，那件新衣要價 4,000 元，父母說什麼都不肯買。那次我說什麼都不肯退讓，於是懇求他們買一件類似但便宜的款式。母親最終花了 300 元買了那件衣服給我，但我一點也不覺得開心。

「確實很像,但這不是我想要的那件衣服。花這筆錢根本毫無意義。將來我一定要買自己喜歡的東西,絕不妥協。」年紀尚小的我竟然產生這種想法。

跟破抹布一樣的內衣褲

我父親是公務員,母親是家庭主婦。

母親幾乎每天都去參加邪教和直銷的聚會,理由是邪教和直銷組織都會送人試用的禮品,大多是一些日用品或消耗品。其實母親也沒有加入邪教或直銷組織,她去那些地方純粹是為了貪小便宜而已。

她常常帶回保鮮膜、衛生紙、鍋具、砧板、雨傘、床單、毛巾、購物袋、吹風機、柴米油鹽等物品。而且她堅持要用到破爛不堪才肯更換,因此我家的鍋子都焦黑了(即便如此也不肯丟棄),雨傘打開時還會噴出零件割傷手。吹風機風力不足,頭髮永遠吹不乾。毛巾品質低劣,床單使用一次就出現破損……諸如此類的情況實在不勝枚舉。

近 30 年過去了,我現在回到老家還能看到當年使用的毛巾,邊邊角角都已破損,宛如流蘇一般。內衣褲也都褪色了,乍看之下還以為是破舊的抹布。破洞竟還用碎布修補,年代久遠得令我瞠目結舌。

當我離開老家獨立生活，能夠購買自己喜歡的東西時，我才知道原來世上有這麼多好商品，感動得幾乎要喜極而泣。最令我讚嘆的是文具和雨傘，高級筆的使用體驗完全不同，光是握在手中就令人心情愉悅。用過優質雨傘後，就再也不想使用劣質雨傘了。毛巾和內衣褲也是如此，不一定要購買昂貴款式，只要有新的可以替換就已經很棒了。這些看似理所當然的道理，我竟然直到步入社會才領悟。

母親把她的時間都拿來貪小便宜，動不動就說自己很忙。為了購買便宜 10 元的雞蛋，她要特地騎腳踏車去隔壁城鎮的超市採買，當然會很忙。她每次都趁特價時大量購入的食物，也是一大問題。大量的新鮮食物無法在短期內全部吃完，所以我們家常常在吃快要過期的食物，有時連過期的也得吃。

只能剪「馬桶蓋頭」的真正理由

還有一件事只要一想起我就怒火中燒，那就是我們家的「髮禁」。

從小我就嚮往擁有一頭飄逸的長髮，但父親卻嚴令禁止。平日不讓我買喜歡的東西就算了，為何連髮型都要干涉？老實說，我內心極為不滿。

第 7 章
讓成為有錢人的夢想成真

我的頭髮總是由母親親自修剪,永遠都是「馬桶蓋」造型。學校同學甚至取笑我像個恐怖娃娃。

父親的說法是,留長頭髮會掉一堆頭髮,看起來很噁心。我反駁道,既然留長髮不行,那剪短髮也可以,為什麼每次都要剪那麼短?父親顧左右而言他,從不好好回答我。

幾年後,我總算知道他們真正的理由了。因為留長髮不易吹乾,使用吹風機的時間越長,電費就越高。媽媽親自幫我修剪也是一樣的道理,就是不想在美容院花錢!

反正我父母的吝嗇是沒完沒了的,買車的時候也很誇張。一開始賣車的推銷員來我們家拜訪時,還算笑容滿面;回去時,整張臉都綠了,我父母殺起價來就是那麼誇張。當然,他們本來就不可能買高級車,但連買普通的車都殺價殺成那樣,以至於那個推銷員再也沒來過了。

無論買什麼,他們總是要竭盡所能地殺價。我常想,我們這家人都只是金錢的奴隸罷了。

父親死前才說出小氣的真相

我本來很討厭自己的父親和原生家庭,大學畢業出社會後,也幾乎沒回過老家。後來無論父親說什麼,在我眼中他都只是個守財奴罷了。

當父親罹患重病時，雖然我隱約察覺他時日無多，卻仍未去見他最後一面。母親屢次聯繫我，告知父親已經命懸一線，我也總是拿工作繁忙當作藉口不回去。

　　父親過世後，母親即使談起父親的往事，基本上我也都充耳不聞。有一次，母親說父親在臨終前留下一句話：「把錢都留給我們的女兒。」

　　據說，這是父親的遺言，這時我才好忽然意識到：「對了！父親雖然極度吝嗇，但他到死都沒花到自己積攢的錢財。他的吝嗇與母親不盡相同，母親至少會將存下的錢，用在自己喜愛的事情，比如偶爾去旅行一次。這麼說來，父親變成一個『守財奴』，真的是為了我……」

　　人生無法重來，我對父女關係充滿無盡的悔恨，往後只能帶著這份悔意繼續生活。

　　當我領悟到這一點後，我與母親的關係也有了顯著改善。我實現了財務自由，母親見證了我的功成名就，終於明白單純積蓄金錢毫無意義，懂得運用才是關鍵。擺脫金錢的束縛，過上自由自在的人生才是最重要的事。

第 7 章
讓成為有錢人的夢想成真

浪費金錢的公務員

　　童年的長期壓抑，讓那股扭曲的恨意一直伴隨我長大。對金錢的強烈自卑感深植在我的潛意識中，導致我的人生也過得起起落落。

　　成為公務員後，我的花錢習慣如同喝水般肆無忌憚。花錢對我而言成了一件令人愉悅的事，我不斷換高級轎車，甚至曾開過豪華的大型賓士。反正我是公務員，信用審核輕而易舉就能通過。我對名牌商品來者不拒，三不五時就出國旅遊，與其他公務員相比顯得格格不入。

　　然而，即使拚命工作，我仍無法滿足所有物質欲望。每月發薪前幾天，我的銀行帳戶餘額往往不足 1,000 元。由於自動提款機無法提取 1,000 元以下的餘額，我不得不特地前往櫃檯領錢。可想而知，冰箱裡盡是剩菜剩飯，我只能靠這些度過最後的一週。

　　我考取了各種證照，藉此申請薪資補貼，使得我二十多歲時年薪就超過 600 萬元。然而，我對金錢的渴望有增無減，晚上還在酒店兼職。估算起業績，有時僅僅工作 10 天就能賺取超過 100 萬元。

　　這種生活持續了約 8 年，我漸漸意識到一個問題：我從早到晚不停工作，為何總是入不敷出？我的汽車貸款和信

用卡借款也已達到上限。我越是工作，壓力就越大；壓力大了，就更想花錢。

我陷入了購物成癮的困境。那段時期，我獨自居住，家中如同垃圾場般雜亂不堪，鄰居甚至前來抱怨環境問題。

「也許我不適合工作吧？這只會造成惡性循環⋯⋯不然嫁給有錢人吧，嫁給有錢人就不必工作了。」

懷著這種想法，我花費30萬元加入相親俱樂部，很快就找到了結婚對象。當時那個人才三十多歲，是金融界的一號人物。

他不僅富有，外表知性，性格也溫和穩重，我對他毫無不滿。可惜的是，我們在性生活方面不甚契合，婚後僅一年就分手了⋯⋯時至今日，我仍然認為他是一位值得敬重的人，衷心希望他能過得幸福美滿。

到拉斯維加斯過新生活

婚姻結束後，我的人生失去了方向。一位深交的男性友人嚴厲指出我生活中的問題：揮金如土、整天醉生夢死、才結婚沒多久就離婚。

在旁人眼中，我的確狀況堪憂。難得與那位朋友會面時，他鄭重地告誡我，缺乏目標的人註定難以成功。

第 7 章
讓成為有錢人的夢想成真

他的話語直指我的痛處,我強裝無所謂,反問他該如何找到人生目標。

「不妨去國外走走吧,日本的視野太過狹隘了。我曾去過拉斯維加斯,那裡真的開闊了我的眼界,也徹底改變了我的人生。如果不知該做什麼,不妨去拉斯維加斯看看。」

我性格單純,立即著手規劃前往拉斯維加斯的行程,一個月後就付諸實施了。在準備過程中,我回想起小時候的經歷。

「從小我就夢想成為一個富有的人。結果卻只是糊裡糊塗地念完大學,然後成為了一名公務員。我應該放下過往,重新開始。」

拉斯維加斯給我帶來了一連串的驚喜,那裡的一切都氣勢恢宏,與日本截然不同。然而,內心的不安遠勝於快樂的感受,過去我只是一名普通的公務員,來到拉斯維加斯讓我深刻認識到自己的渺小。

「看來要成為有錢人,必須徹底改變自己的觀念。」

回到日本後,我下定決心捨棄一切。我辭去了公務員的工作,開始辦理赴美留學的手續。

當然,那時我毫無積蓄存款,但多虧那次拉斯維加斯之行,我才下定決心。未來無論採取何種手段,我都要實現自己的理想。或許是因為童年生活太過拮据,放棄了太多想

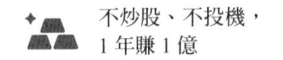

做的事，才導致長大後變成一個行為反覆無常的人吧！

嫁給美國的資產家……

帶著約 100 萬元的離職金，我決定搬到拉斯維加斯。

不幸的是，當時恰逢 911 恐怖襲擊事件，美國陷入恐慌，日本人難以獲得簽證。

此時，我想到了一個權宜之計。

「對了，之前去拉斯維加斯旅行時，有個男生主動追求我。他似乎從事不動產業，應該很富裕吧？」

我知道這種做法可能會招致批評，但我實在太渴望移居美國了，於是決定與那個人結婚。

我們展開了一段以婚姻為目標的遠距離戀愛，最終我也成功搬到拉斯維加斯，在當地完婚。我將所有身外之物留在日本，徹底捨棄了過去的一切。

然而，接踵而至的是一連串的考驗，在美國的生活著實艱辛。

那時我才意識到日本的生活環境有多好。在美國，低收入勞工甚至難以維持基本生計，難怪他們都依賴小費收入。美國人必須拚命工作才能勉強度日。

更令人意外的是，我的前夫萊恩，其實並不富裕。

的確，他的家族從事不動產業，擁有龐大資產。但他當時還很年輕，家人並未給他大筆金錢揮霍。

萊恩工作非常勤奮，可惜仍入不敷出，我帶去的 100 萬元很快就耗盡了。我們也沒有接受父母的資助，最終還背負了信用卡債務。到頭來因無力償還債務，連信用卡也被停用了。我曾發誓要在賺到大錢後才回日本，結果卻窮困潦倒到難以為繼。無奈之下，我與萊恩離婚，黯然回到日本。

不過，這一段經歷還是有可取之處。

在美國生活期間，我遊歷了許多地方，經歷了前所未有的體驗。這對我而言是無價的財富，而且我結識了許多品德高尚的有錢人，比如之前提到的那位牧師。

如果不是我在美國經歷過艱辛，認識了眾多億萬富翁，我也不會有機會躋身上流社會。在同一時期內體驗貧富兩極的生活圈，確實是一段彌足珍貴的經歷。

第三任丈夫是高收入的混帳

我跟第二任丈夫離婚後回到日本，整天都在思考該如何成為有錢人。

很多職業我都嘗試過，但沒有一樣做得久。

創業我也曾嘗試，以產品代理中間商的身分，不需自

行進貨，直接在網上銷售家具等室內裝潢商品。

創業固然是美事，但我的收入並不穩定。經過一年多的摸索，我發現創業確實需要天賦。缺乏天賦的人即使再努力也難有成效。

於是，我再次加入相親俱樂部，希望能嫁給富人。讀者看到這裡可能會怒火中燒，認為我毫無反省之意……但當時，我一心只想消除從小就盤踞在心頭的「自卑感」。

這一次我也很快找到了對象，那個人當時50多歲，身材不錯，總是笑容滿面。我選擇嫁給他的原因是他的年收入高達1億元！我以為他一定能教我賺錢的訣竅。

先說結論吧！這段婚姻同樣極其慘烈。一個富人會去相親俱樂部尋找對象，果然是有原因的。

只要我惹他不高興，他就完全不支付生活費，故意刁難我。即使我懇求，他也一毛不拔。我不得不向朋友求助，尋找一份能夠溫飽的工作。他看不慣我自己出去賺錢，甚至將我軟禁在家中。

「不管是找工作還是結婚，為什麼總是會落得如此下場，我的行為是否有什麼根本性的問題？」到了這個地步，我才開始萌生痛改前非的念頭。

第 7 章
讓成為有錢人的夢想成真

終於得到億萬富翁的訣竅

話說回來，第三任丈夫確實是構建資產的專家。若非親眼見識過真正的大富豪，我現在也無法指導他人如何構建資產。

- 建構資產與性格好壞無關
- 建構資產與經商能力無關
- 不要畏懼累積良性債務
- 避免涉足自己不擅長的領域
- 資金不要閒置於銀行，投資收益應超過借款利息
- 生活開銷不應超過投資收益
- 珍惜時間和金錢，避免浪費

後來我終於領悟，任何人都能成為富人的祕訣，這也是我在書中介紹的財富法則。前夫讓我了解成為富人的方法，我想依樣畫葫蘆實踐，可惜當時我沒有固定工作，也缺乏投資經驗，根本無法籌措資金。

儘管如此，生活還是要繼續。我轉而成為太陽能設備的業務員，薪資與業績連動。前兩個月我都沒有簽到客戶，在家裡受丈夫頤指氣使，到公司又被上司呼來喝去。但我發

誓一定要超越丈夫的收入,成為有錢人,因此我並未放棄。

我永遠難忘第一個簽約的客戶。那位客戶住在一座占地如同神社般廣闊的大宅院裡。一般推銷員需要花2、3個小時才能簽下合約,我那天卻只用3分鐘就搞定了。

剛進入豪宅玄關,屋主夫婦就坐在那裡等候我的到來。儘管我是來推銷的,他們卻很有禮貌地請我說明。簡單介紹後,他們就決定簽約了。

據說,他們的兒子是大型航空公司的機師。兩位老人家還鼓勵我說,看到像我這樣認真工作的人,就好像看到自己的孩子一樣。老實說,我很驚訝,原來日本也有如美國那般心地善良的大富豪。

之後我迅速成為頂級業務員,詳情就不贅述了。有錢人會將他們信賴的對象介紹給自己的朋友。我的名聲一傳十、十傳百,不用辛苦拜訪客戶,就能創造可觀的業績。

最終,我每月的業績都超過1億元,月薪高達800萬元。公司每半年舉行一次業績競賽,每次都是我勝出。公司的車輛任我使用,上班時間也無人過問。我申報多少招待客戶的費用,公司也全部接受。我終於與丈夫離婚了。

推銷能力和建構資產的能力並無直接的關聯,但靠自己的能力獲得成功,也帶給我不小的信心。

第 7 章
讓成為有錢人的夢想成真

向海外的超級大富豪拜師學藝

憑藉有錢人的口碑，我每月只需工作 2 天就能完成業績。剩下的時間我都用於海外旅行，希望增廣見聞、學習如何成為真正的有錢人。我造訪了摩納哥、坎城、阿布達比、杜拜、瑞士等諸多度假勝地。我遍訪富豪可能出現的地方，努力建立當地人脈。

結識了許多海外富人後，我發現他們與日本富人的財富程度有天壤之別。資產超過破億美元的比比皆是，注意是美元，不是日元。他們的財富程度，我在前面章節已有提及。

「無論上班族薪資多高，也不能算作真正的富人。唯有成為投資專家，才堪稱真正的富豪。」

我再次深刻體認到這一事實，因此辭去業務工作，專心致志於成為投資專家。我僅維持最基本的生活水平，向成功的投資人士請教。

我的恩師奧利華就是在那時結識的貴人。

認識他之後，我迅速成為了「億萬富翁」。

剛認識他的第一個月，我每天都在觀看他的教學影片。次月我就創立了打造資產學院，開始擔任他人的投資顧問。

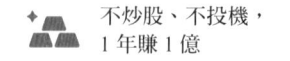

第三個月我實現了財務自由,第四個月資產突破了億元。

由於打造資產實在太過簡單,我這才意識到自己過去20年來的努力犯了多麼荒謬的錯誤。

再重申一次,只要你用對方法,一年就足以賺到1億元的資產了。

步入社會前,我每天目睹父母節儉度日的景象。

成為公務員後,我開始花天酒地。

後來在美國結識了富人。

經歷三段婚姻,總算領悟富人的祕訣。

我當上業務員,月入高達800萬元,在那個領域也取得了成功。

但結識海外富豪後,我的價值觀徹底改變。

最後,我有幸遇到了最優秀的老師奧利華。

如今我擔任顧問,親眼見證學員們逐步成長。

回顧過去的人生軌跡,都是我現在傳道、授業不可或缺的寶貴經驗。若非經歷無數失敗,也不會有今天的我。我會善用這些經驗,將我的知識和勇氣分享給有志追求財務自由的人們。

結語
成為個人與社會雙贏的有錢人

「一年成為億萬富翁。」

這個看似誇張的標題，相信各位讀完本書後，已有了不同的感想。希望你們的心態比以前更加正面積極，並對未來充滿期待。

我曾經移居海外、與富人結婚，甚至辭去高薪工作，這些決定都遭到父母和周遭親友的反對。然而，我始終堅持走自己的路。

追逐夢想必然會遭遇挫折，沒有挑戰就不會失敗，但也無法品嚐成功的滋味。如果你身邊的親朋好友是那種扼殺夢想的人，即便他們是你的至親，也應該適當地保持距離。請真誠地面對自己的內心，慎重決定是否要追求夢想。

在撰寫這本書時，我竭盡全力將事實呈現給各位。因為越是渴望成為富人的人，越容易像我一樣走上彎路。我不希望各位重蹈覆轍，所以運用自身經驗，揭示了有錢人真實的世界觀。

這些鮮為人知的祕密,都是富人不輕易外傳的。多虧我達到了財務自由的高度,才能夠毫無顧忌地分享這些內容。如今,我不再為金錢所困擾,心態也變得更加健康積極。

最後我想說的是,當你真正渴望成為有錢人時,你會逐漸明白內心深處真正嚮往的是什麼。這不僅對你個人,對整個社會都是一件好事。這是一種雙贏共生的關係,而非殘酷的零和競爭。當你掌握了經濟上的自由,心靈也會隨之獲得解放。

衷心希望本書能為各位帶來啟發,讓更多人有機會成為「億萬富翁」。

翻轉學 翻轉學系列 137

不炒股、不投機，1年賺1億
跟億萬富翁學「實體投資法」，從零開始3個月實現FIRE的55條致富法則
１年で億り人になる

作　　　　者	戶塚真由子
譯　　　　者	葉廷昭
封 面 設 計	Dinner Illustration
內 文 排 版	許貴華
行 銷 企 劃	林思廷
特 約 編 輯	杜雅婷
出版二部總編輯	林俊安

出　　版　　者	采實文化事業股份有限公司
業 務 發 行	張世明・林踏欣・林坤蓉・王貞玉
國 際 版 權	劉靜茹
印 務 採 購	曾玉霞・莊玉鳳
會 計 行 政	李韶婉・許俽瑀・張婕莛
法 律 顧 問	第一國際法律事務所　余淑杏律師
電 子 信 箱	acme@acmebook.com.tw
采 實 官 網	www.acmebook.com.tw
采 實 臉 書	www.facebook.com/acmebook01

I S B N	978-626-349-854-9
定　　　　價	380元
初 版 一 刷	2024年12月
劃 撥 帳 號	50148859
劃 撥 戶 名	采實文化事業股份有限公司
	104台北市中山區南京東路二段95號9樓
	電話：(02)2511-9798　傳真：(02)2571-3298

國家圖書館出版品預行編目資料

不炒股、不投機，1年賺1億：跟億萬富翁學「實體投資法」，從零開始3個月實現FIRE的55條致富法則 / 戶塚真由子著；葉廷昭譯. -- 初版. – 台北市：采實文化, 2024.12
272面；14.8×21公分. -- (翻轉學系列；137)
譯自：１年で億り人になる
ISBN 978-626-349-854-9(平裝)
1.CST: 個人理財 2.CST: 投資

563　　　　　　　　　　　　　　　　　　　　　　　　　　113016455

１年で億り人になる ICHINEN DE OKURIBITO NI NARU
BY Mayuko Totsuka
Copyright © Mayuko Totsuka 2022
Original Japanese edition published by Sunmark Publishing, Inc.,Tokyo
All rights reserved.
Traditional Chinese translation copyright © 2024 by ACME Publishing Co., Ltd.
Traditional Chinese translation rights arranged with Sunmark Publishing, Inc., Tokyo
through Bardon-Chinese Media Agency, Taipei.

采實出版集團
ACME PUBLISHING GROUP

版權所有，未經同意不得
重製、轉載、翻印